NATIONAL GEOGRAPHIC KIDS

美国国家地理

超级专家

恐龙

如果你喜欢恐龙，本书一定能帮你成为恐龙领域的超级专家！

[美] 莉拉 · 纳尔吉　[美] 史蒂夫 · 布鲁萨特 著
邢立达　王申娜　王董浩 译

中国纺织出版社有限公司

目 录

第二章

恐龙来了 32

第一章

中生代的超级巨星 9

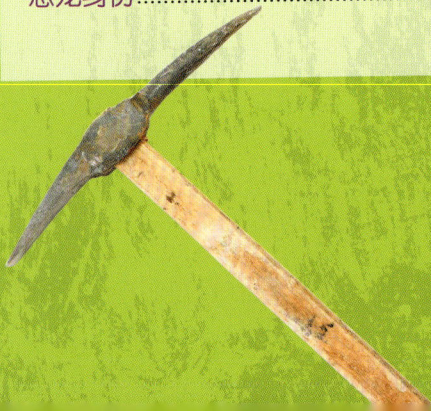

史蒂夫·布鲁萨特

史蒂夫·布鲁萨特

在苏格兰的埃格岛上，史蒂夫正在仔细检查一块岩石，岩石中含有海洋爬行动物的化石。

前　言

当我还是个孩子的时候，我对科学一点儿都不感兴趣。事实上，这是我在学校里最不喜欢的课程！虽然我做得不错，也不怕它，但相比之下，我更喜欢社会学。

直到我14岁时，也就是我上高中的第一年，我才开始对恐龙产生兴趣。这几乎完全是因为我弟弟克里斯。他比我小4岁，作为一个10岁的孩子，他非常痴迷于恐龙。他的房间里有一百多本关于恐龙的书，无数恐龙玩具，墙上挂着各式恐龙海报。他把自己的房间变成了一个小型的恐龙博物馆。而我的房间则更像是一个体育博物馆，到处都是三角旗和棒球卡。

当时学校举办了一个科学博览会，克里斯想做些关于恐龙的事，他请我帮忙。我开始和他一起翻阅图书收集信息。之前我从来没有关心过恐龙，这使我突然迷上了恐龙。

在这之后，我们家有了第一台电脑。尽管那时的互联网与今天的互联网完全不同，但很多大型博物馆都有网站，上面有关于展品和古生物学家正在研究的东西的信息。你可以在邮件列表上关注所有与新发现有关的新闻。我开始入迷地阅读有关恐龙和化石的书籍。也许是因为我对历史的热爱，我对将恐龙作为物体或怪物并不感兴趣。我把它们看作是我们星球如何变化和演化的不可思议的线索。那时我知道我想把研究古生物作为我的职业。至于克里斯，当我们还是孩子的时候，他对恐龙如此着迷，后来他却研究历史了！

我认识的很多古生物学家都对历史很感兴趣。化石就像手稿或是古代卷轴，给我们提供了关于过去的线索。我们工作的博物馆是档案馆，在那里我们尝试着根据这些线索将很久以前发生的事情拼凑起来，并将它们组合成故事，帮助我们了解事件、变革和灭绝。我想古生物学家在某种程度上确实算是历史学家。

当你浏览这本书时，请留意我的故事和见解，我们将一起学习更多跟恐龙有关的知识！

——史蒂夫·布鲁萨特

史蒂夫和他的队友在罗马尼亚工作。

暴龙，最伟大的恐龙
超级巨星。

第一章

中生代的
超级巨星

当我还是个十几岁孩子的时候，

美国伊利诺伊州芝加哥市菲尔德博物馆展出了一具保存得非常完整的暴龙骨架。我在大约127千米外的伊利诺伊州渥太华长大。我住的城市并没有太多博物馆，所以菲尔德就是我的故乡博物馆。

史蒂夫·布鲁萨特

走进展示暴龙苏的展厅，我记得我当时就在想："这是多么巨大……多么可怕。"我被迷住了，暴龙苏让我确认了自己想成为一名古生物学家的愿望。毕竟，这是地球上有史以来最庞大的掠食者之一。它曾经真实地在地球上漫游过！它破壳而出，它长大了，它会行走了，它会吃东西，它可以看到东西、听到声音和呼吸空气。

大约10年来，暴龙一直是我工作的重点。我已经描述了几种暴龙的新物种，如虔州龙、帖木儿龙、侏罗暴龙和阿尔泰分支龙。我构建了谱系图来帮助我们理解恐龙是如何从和人类体形相当的祖先演化为可怕的大型暴君的。事实证明，暴龙的起源比雷克斯暴龙早1亿多年。但在它们的大部分历史中，暴龙都是不起眼的生物，它们生活在其他大型肉食性动物的阴影下，如异特龙、角龙和棘龙。这种情况在恐龙时代（也称为中生代）的最后2000万年发生了变化。那时，由于一些我们还不知晓的原因，暴龙的体型开始变得庞大，并开始统治北美洲和亚洲。它们是独自站在食物链顶端的巨大掠食者，当时甚至没有其他掠食者在体型上能接近它的大小。今天仍是如此，北极熊是目前陆地上最大的食肉动物。

我认为人们觉得恐龙如此迷人的原因之一是，在很多方面，它们甚至比我们人类在神话和传说中创造的怪物、龙和独角兽更加神奇。恐龙是真实存在的。与其他恐龙相比，暴龙拥有巨大的头部、细小的手臂、长长的用来平衡身体的尾巴和肌肉发达的腿，它将我们对恐龙的一切惊人发现都聚集于一身！

这只恐龙曾经**真实地**在地球上漫游过，它破壳而出，它长大了，它会行走了，它会吃东西，它可以**看到东西、听到声音和呼吸空气**。

被3只掠食者包围的弯龙。

史蒂夫·布鲁萨特和他的团队在葡萄牙。

恐龙统治着地球，

在某些方面，它们仍然统治着地球！现在距离这些可怕的"大蜥蜴"最后一次在地球上游荡已经有6600万年了。

永远的恐龙

无论是新粉丝还是老粉丝，似乎对恐龙的了解都不是那么充分，原因显而易见。科学家们总有新的发现。没有人能够预测下一次新的古生物挖掘会在何时有新进展。

恐龙是如何演化的？它们是如何在地球上生活的？也许有一天，我们会解开这些谜团。现在，想到我们已知的那些关于它们的神奇的事情就足以令人兴奋，我们还可以期待未来有更加激动人心的发现。这也是我们如此热爱恐龙的一个原因！

我们喜欢恐龙还有一个简单的原因：自从最大的恐龙灭绝后，再也没有这么大的生物在陆地上行走过。有些恐龙比现代的楼房还高，有些恐龙的头骨和你家的餐桌一样大，有些恐龙的牙齿和你的手一样长。这些超级巨星真是太厉害了！

最强战斗

2014年，古生物学家在阿根廷的沙漠中挖出了骨骼化石，他们的研究结果没过多久

乘坐时光机回到中生代

我们的地球已经存在了大约46亿年。在这段时间里，我们的星球发生了很多变化。科学家们将这些变化分成几个时间段，每个时间段以百万年为单位。为了能够研究和讨论这些时间段，并让每个人都能理解其他人在说什么，科学家给它们起了名字。他们提出了一个由代、纪和世三部分组成的体系。人类的故事完全发生在新生代——从6550万年前开始，一直延续到今天。我们的早期祖先出现在新生代的中期，即新近纪的末期。

但本书所讲述的故事发生得更早。本书中所描写的动物的所有活动都发生在中生代，开始于2.51亿年前，结束于6550万年前。中生代分为三个时期：三叠纪，侏罗纪和白垩纪。

新生代（6550万年前至今）

第四纪（260万年前至今）
全新世（11700年前至今）
更新世（260万年——11700年前）

新近纪（2303——260万年前）
上新世（533——260万年前）
中新世（2303——533万年前）

古近纪（6550——2303万年前）
渐新世（3390——2303万年前）
始新世（5580——3390万年前）
古新世（6550——5580万年前）

中生代（2.51亿年前——6550万年前）

白垩纪（1.45亿年前——6550万年前）
白垩纪晚期（1亿年前——6550万年前）
白垩纪早期（1.45——1亿年前）

侏罗纪（1.996——1.45亿年前）
侏罗纪晚期（1.63——1.45亿年前）
侏罗纪中期（1.74——1.63亿年前）
侏罗纪早期（1.996——1.74亿年前）

三叠纪（2.51——1.996亿年前）
三叠纪晚期（2.37——1.996亿年前）
三叠纪中期（2.47——2.37亿年前）
三叠纪早期（2.51——2.47亿年前）

就登上了头条新闻。全世界的报纸都宣布发现了最大的恐龙！起初，科学家们将这种新的蜥脚类恐龙归为巨龙类的新物种（2017年，科学家将其命名为巴塔哥泰坦龙），并估算出它长37.2米，重约77,111千克。

这种庞大的植食性动物可能是迄今为止我们发现的最大的恐龙，但它并不孤单。虽然我们经常想象巨型的肉食性动物在追逐猎物时，会让地面发出轰隆隆的巨响，但就体型而言，它们与高大的植食性动物是无法相提并论的。

巨大的植食性恐龙

最初的植食性恐龙很小。但随着时间的推移，植食性恐龙变得越来越大……直到巨龙类恐龙的出现。在恐龙灭绝之前，这种长颈、小脑袋、皮肤覆鳞、以植物为食的蜥脚类恐龙在地球上无处不在。

到目前为止，我们已经发现了大约50种巨龙类恐龙。每天，它们中的大块头需要吃掉相当于一辆汽车重量的植物才能感到饱足。可是，地球上怎么可能到处都有足够它们取食的植物呢？巨龙类吃的植物取决于它们生活的地方和它们的身高可以到达的高度。这些植物包括棕榈树、类似棕榈树的苏铁、圆锥形的针叶树和草。科学家们认为，生活在一起的不同巨龙类族群有着分化的食性：一类族群可能主要以树叶为食，另一类族群则主要以木本植物为食。这种不同的食性让它们得以茁壮成长，有些甚至会长成惊人的庞然大物。

虽然我们称它们为巨龙类，但并非所有

巴塔哥泰坦龙，迄今为止发现的最大的恐龙。

相对于巨龙类来讲，体长6米的马扎尔龙很小。

的巨龙都体型巨大。例如，生活在今天中欧地区的马扎尔龙只有6.1米，重量不足1吨。马扎尔龙和长颈鹿一样高，比北极熊还要轻！

不过，阿根廷龙确实属于巨龙类。多年来，它一直是这些庞然大物中最大的一个。它得名于科学家最初在阿根廷发现的一块巨大的化石标本。古生物学家发现了一些肋骨、几块椎骨和一根大腿骨化石。另一根骨头来自它的小腿，长度超过1.5米。这个高度可能和你一样高！

在重建阿根廷龙的过程时，科学家们估计它大约有35米长，由四条短腿支撑着重达54431千克的沉重身躯。它有一条重却灵活的尾巴，一条又长又粗的脖子用来支撑它进食树梢上的叶子。它的牙齿看起来像削尖的铅笔，适合研磨和咀嚼各种坚硬的植物，譬如针叶树的针叶和球果。这些树类似于今天森林中生长的冷杉和松树。

2014年，巴塔哥泰坦龙从阿根廷龙手中接过了"最大"的头衔。它是如此的大，以至于它的全尺寸模型光是头部和颈部就可以直接伸出它所在的博物馆的门外。毕竟它的大腿骨就有2.4米高，所以也就不奇怪了。我们总共发现了这只恐龙的223块骨头（但没有头骨，只发现一颗牙齿），发掘自阿根廷某地。这使得巴塔哥泰坦龙的骨架成为迄今为止发现的最完整的恐龙骨骼之一。

阿根廷龙真的体型庞大。

在重建阿根廷龙的过程中，科学家估计它长约35米。

ARCENTINOSAURUS HUINCULENSIS

做个大块头可不容易

当你重达85吨时，你迈出的每一步都很沉重。你的体重会使脚下的大地颤抖。体重也会给你的身体带来巨大的压力。事实上，科学家们认为最大的恐龙基本上已经达到体型的极限了。它们的骨骼无法再承受任何额外的重量。

那么，这些庞然大物究竟是怎么支撑自己的身体的呢？巴塔哥泰坦龙的骨骼有许多特殊的适应性。例如，它的长尾巴平衡了长脖子。走路时尾巴会前后摇摆，帮助它移动后腿。它还有一种奇怪的站姿，四条像树干一样的腿略微向外张开。这种姿势有助于腿部来分担巴塔哥泰坦龙的巨大重量。连在一起的脊椎骨也提供了支撑，其中一些骨头是中空的，这意味着它们更轻。

古生物学家认为，巴塔哥泰坦龙可能拥有一个更大的四腔心脏，更像鸟类和哺乳动物的心脏，而不是现代爬行动物的三腔心脏。巴塔哥泰坦龙的心脏周长为1.8米。体重超过227千克，每5秒钟就会有90.8升血液通过它的身体。但由于心脏远离脚趾，科学家们想知道，四肢的血液是如何一路流回胸部的？他们认为答案就在巴塔哥泰坦龙脚踝周围紧绷的皮肤上，这很像一些运动员穿的可以挤压脚踝的压缩袜，让身体的偏远部位有力量将血液运回到遥远的心脏。

巴塔哥泰坦龙的股骨高2.4米。

巴塔哥泰坦龙的尾巴可以平衡它的脖子。

巴塔哥泰坦龙的心脏
周长为1.8米。

15

植食性恐龙的大成功！

寻找植物的迷惑龙

在侏罗纪和白垩纪，植食性恐龙的数量远比它们的肉食性同类要多得多。事实上，地球上每存在一只体型巨大、令人生畏的肉食性恐龙，就意味着有一百只植食性恐龙。这也就说明了，当时的地球上一定生长着足够植食性恐龙食用的植物。除此之外，这些恐龙本身也是美食专家，可以食用地球上进化出的各种各样的植物。而且它们吃的不只是植物的叶子，还包括树皮、根茎、松果、花茎、树枝，你能想到的它们都吃。那么，它们究竟是怎么做到这么杂食的呢？是通过发育出高度专用的牙齿（详见第三章）做到的。牙齿是蜥脚类恐龙统治地球的武器！

但它真的是史上最庞大的恐龙吗？一些科学家并不这么认为。他们把赌注押在了双腔龙身上。如果你从未听说过，也不用担心。因为双腔龙是恐龙古生物学中最大的谜团之一。早在19世纪70年代，在美国科罗拉多州中部的地层中挖出了一根巨大的股骨和一根1.5米高的椎骨。发现这些化石的古生物学家做了笔记并画了草图。他估计，这些骨骼所属的恐龙体长57.9米，体重99790千克。然后，他把骨骼打包，用火车送到纽约的美国自然历史博物馆。

这些骨头到达目的地了吗？我们不知道，因为从那时起它们就失踪了。没有人知道它们变成了什么样子。多年来，许多古生物学家来到博物馆，试图在化石收藏中找寻它们的踪迹。但到目前为止，还没有人有足够的好运气。这些骨骼能否证明双腔龙比巴塔哥泰坦龙更大？或者有那么一天，一种新的大型恐龙将取代巴塔哥泰坦龙？

巨大的肉食性恐龙

毫无疑问，生活在距今6700万～6600万年前的暴龙是一种巨大而可怕的恐龙。它的名字的含义——残暴的蜥蜴王，就说明了一切。它是万兽之王——远在第一只狮子诞生之前。

1906年，纽约的自然历史博物馆展出了一具重建的暴龙骨架，科学家们认为他们发现了有史以来最大的肉食性恐龙。

那么我们说的暴龙到底有多大呢？目前为止发现的最大的暴龙是20世纪80年代在美国南达科他州发现的。那个暴龙就是苏。它之所以让人印象深刻有以下几个原因。首先，它是迄今为止发现的最完整的暴龙骨架，其中90%的遗骸是由一位名叫苏·亨德里克森的化石猎人挖掘出来的。暴龙苏从头到尾长12.8米，高4米，仅头骨就重达272千克。加上肌肉、器官和身体其他部分，共约8165千克。

和其他大型掠食者一样，苏属于兽脚类恐龙（我们将在第二章解释这是什么意思）。它和其他暴龙生活在白垩纪时期，这是地球上的恐龙时代末期。在它之前出现的肉食性动物并没有那么大。科学家认为，苏这类物种只有在发育出足够大的大脑，可以帮助它智取并吃掉更多猎物之后，才能进化到如此巨大的体型。

在树林中遇到苏是很可怕的。它那微微泛绿的粗糙鳞片

苏是迄今为止发掘出的最完整的暴龙骨骼。

吃你的更好方式：用苏的牙齿。

小短手

古生物学中最大的谜团之一一直是，暴龙的前肢是用来做什么的？为什么它们这么短小？暴龙的前肢肌肉发达、力量惊人，一只前肢就可以举起超过180千克的重量！这也就足以证明，这对粗壮的小手曾经发挥着重要的作用。然而到底是什么作用呢？一些科学家认为，演化成这样是为了抵消暴龙头部多余的重量。然而，事实上，科学家们有很多假说，但却无法得到证明。

为什么暴龙的前肢如此短小？

暴龙正在吞食死去的三角龙。

暴龙的牙齿和香蕉一样大。

可以帮助它完美地隐藏于周围的环境中，直到它准备好狩猎。想象一下，它突然向你冲了过来，张开巨大的双颌，里面塞满了大约60颗像香蕉一样大的锯齿状牙齿！苏的一颗牙齿可以长到30.5厘米长。这些牙齿可以咬碎你的骨头（如果你生活在6700万年前的话）、三角龙的骨头，甚至其他暴龙的骨头。是的，苏对同类相残这种事情毫不介意。

苏的嗅觉灵敏，可以轻松嗅出猎物所在的方位。事实上，它的嗅球（大脑中感知气味的部分）有高尔夫球那么大。和其他恐龙的嗅球相比，这是相当大的。苏能用两条敏捷的后腿追上猎物。它的每个前肢末端都有2个锋利的爪子。

南方巨兽龙
长着又大又结实的牙齿，
粗短的前肢末端有
锋利的爪子。

一些科学家推测，苏是食腐动物，以已经死亡的动物为食，而不是捕食者。实际上它可能两者都是。

没有人确切地知道苏是不是雌性。但是一些科学家提出，雌暴龙比雄暴龙更重，事实上，雌暴龙比雄暴龙重454千克。

不过，暴龙并不是唯一的大型肉食性动物。1995年，全世界的人们都知道了第二大肉食性恐龙可能是什么。就在那一年，两位古生物学家在阿根廷发现了一种新的食肉动物，将其称之为南方巨兽龙。南方巨兽龙的生活年代比暴龙早约3000万年，生活在南半球的沼泽地带。它的长度与暴龙相当，但体重只有5443千克。

和暴龙一样，南方巨兽龙也有着又大又结实的牙齿、粗壮的前肢末端长着锋利的爪子——不过是3个爪子，而不是像暴龙的2个。它可能是成群狩猎的，在用强有力的双颌咬碎不幸的巨龙类猎物之前，会用这些利爪猛击这些猎物。它的牙齿和你在鲨鱼嘴里看到的一样，它会用这些利齿来撕咬猎物的腿，削弱其力量，并将其打倒在地。

迄今为止，已发现的南方巨兽龙化石非常少。科学家们对它的了解要远少于对暴龙的了解。这使得他们很难弄清楚这种恐龙究竟是如何变得如此巨大。也许它在很小的时候就发育成熟了。也许它的寿命很长，因此有很多年的生长时间来长得更大。除非我们找到更多南方巨兽龙的化石，否则，我们可能找不到答案。

不过，科学家们在2014年确实发现了一种新的巨型掠食者，它的体型比前辈们更长也更奇怪。它的名字是棘龙，意思是"有刺的蜥蜴"，它可能直到最近才出名，但它最早是在1911年左右在埃及的撒哈拉沙漠被发现的。古生物学家发掘出其骨骼化石，将其带回德国慕尼黑进行研究。但是在第二次世界大战期间，慕尼黑遭到轰炸，当地所有的

棘龙的背部有背帆——与这只旗鱼的背帆有着相似之处。

棘龙化石都被毁了。棘龙令人生畏的化石证据被付之一炬。

时间过去了几十年，人们在撒哈拉沙漠的某处又发现了棘龙化石。新的标本位于摩洛哥，距离埃及3766千米。这一次，科学家们对它进行了长期的研究。他们将骨骼化石做了3D成像并进行扫描，判断出这只棘龙可能有16.8米长——这或许意味着它比暴龙苏还要长。就其体长而言，棘龙都比较瘦——体重约7257千克。棘龙的背部有一个背帆，由1.8米长的骨头支撑着。一些科学家认为，棘龙身上的背帆能够释放多余的身体热量，使身体保持凉爽，或者可以通过吸收阳光来保持身体温暖。其他科学家认为，背帆充满了脂肪，这使得棘龙能够像骆驼的驼峰一样储存食物和水。

描述化石

史蒂夫·布鲁萨特

当古生物学家谈论或描述一块化石时，会描述他们研究化石的方式，然后将他们的研究成果公布出来。我们会将化石与其他许多恐龙进行比较，对其骨骼进行描述、拍照，并绘制骨骼图，将其放入一个谱系中，然后确定它是否属于新物种（如果是的话，就可以给它命名了！），再将所有这些都写进一份报告（一篇科学论文），把它发送给期刊（那种其他科学家也会阅读的杂志）。该报告会被发送给同行评审，其他科学家会阅读、评论、提出建议，并决定证据是否足够有力，是否可以发表。如果他们同意的话，这篇论文就可以发表了，这表示我们描述了一种新的恐龙。如果他们不同意，古生物学家就得做更多的工作，把论文做得更好。

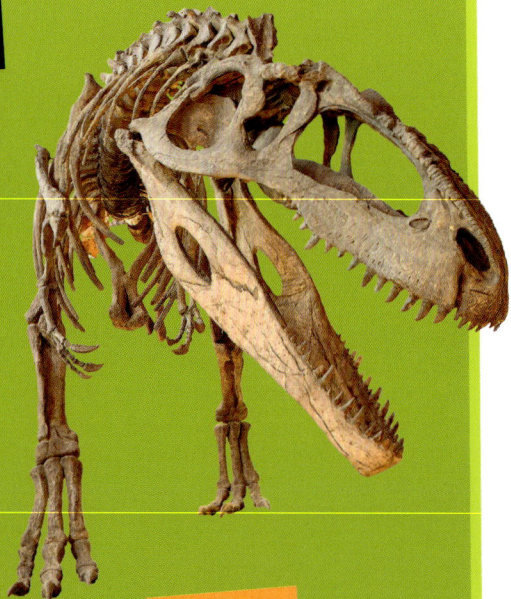

南方巨兽龙

我们将化石与许多其他恐龙进行比较，然后对其骨骼进行描述。

棘龙也有一个巨大的头骨和用来吃鱼的像鳄鱼一样的颌部。奇怪的是，棘龙似乎不仅仅是一种陆生恐龙，它还是半水生的。它可以直接潜入河流，四处游动，寻找腔棘鱼和棘鲨并大快朵颐。一些特殊的身体构造可以帮助它做到这一点：

1. 鼻孔在鼻子的最末端，当棘龙头部的一部分隐蔽在水下时，仍然可以呼吸。
2. 独特的体形更适合游泳而不是走路。
3. 长着像鸟一样的脚，还可能有蹼。

又大又怪——你还能对恐龙有什么要求呢？

皇家角龙似乎是开角龙和尖角龙的结合体。

看！棘龙有鳄鱼般的颌部！

有趣的特征

棘龙的背帆使得它在恐龙中脱颖而出，但这并不是唯一一个让科学家们感到困惑的奇怪特征。古生物学家也研究了角鼻类的特征。这些恐龙的特点是头上长着不同形态的角、颈盾和骨突。开角龙类是一种长着小鼻角，大眼角，脖子周围有长长的颈盾的恐龙。尖角龙类则是长有大鼻角，小眼角和短颈盾。

2005年，古生物学家在加拿大发现了一种新的角龙。它不像开角龙类或尖角龙类，而是两者兼而有之——有一个长鼻角，小眼角，还有一个巨大的颈盾。它被命名为皇家角龙，科学家们开始思考角龙类如何演化以及为什么如此演化。正如古生物学家将继续努力找出角龙类之间的差异一样，他们也将继续努力去了解棘龙背帆的真正用途。

其他主要的大型恐龙

恐龙的形态和大小各有不同。

不一定非得是巨龙或大型肉食性恐龙才能成为超级明星。看看其他的大块头。

最大的头骨：泰坦角龙

时期：白垩纪晚期

特征：3个巨大的角和1个颈盾，这可能使它免受捕食者的攻击。颈盾也可能是用来吸引配偶的。总而言之，它的头骨高达3.2米，令人难以置信！

三重威胁：泰坦角龙有3只尖尖的角。

最大的鸭嘴龙：山东龙或巨保罗龙

时期：白垩纪晚期

特征：这两种长着鸭嘴的植食性恐龙都长约15.2米。来自中国的山东龙重约14515千克。它用它那1000颗强有力的牙齿把吃进嘴的一切都变成了细浆。巨保罗龙可能重达22680千克，而且可能会游泳。

山东龙用1000颗牙齿咀嚼食物。

犹他盗龙大约重907千克，它的羽毛不适合飞行。

最大的猛禽：犹他盗龙

时期：白垩纪早期

特征：双爪行走，手臂上有羽毛，末端有长而粗的利爪，可以砍或刺。长6.1米，重907千克，吃肉。

最长的恐龙：梁龙

时期：侏罗纪晚期

特征：植食性蜥脚类恐龙，可长到32.9米，尾巴长达14米！

梁龙可能是用尾巴猛击猎食者的。

个子最高的波塞东龙。

最高的恐龙：波塞东龙

时期：白垩纪早期

特征：蜥脚类恐龙，身长33.5米，能够触到16.8米高的树枝。

马门溪龙的长脖子和小脑袋。

长脖子：马门溪龙

时期：侏罗纪晚期

特征：植食性蜥脚类恐龙，脖子长15.2米。

谁需要修指甲？镰刀龙需要！它的爪子长76.2厘米。

长爪：镰刀龙

时期：白垩纪晚期

特征：杂食性（既吃植物也吃动物）兽脚类恐龙，身长可达10.1米，长有翅膀和羽毛。

镰刀龙两足行走，每只脚上都有4个爪子。它的翅膀末端的爪子有76.2厘米长——这些爪子大约有成年人的一步那么长。

惊人的翼

中国东北的一位农民发现了一块后来被命名为孙氏振元龙的化石，并将其卖给了一家博物馆。我就是这样开始研究并描述这件化石的。孙氏振元龙生活在距今1.25亿年前的白垩纪早期，身上长有羽毛，是伶盗龙的近亲。自有记录以来，它是目前已知的最大的有翼恐龙。这是在中国发现的许多披羽恐龙之一，所有这些恐龙都来自中国东北部的辽宁。

孙氏振元龙看起来很像伶盗龙，但比伶盗龙略大一些——大约有一只山羊那么大。它有锋利的牙齿，脚上有大爪子，当然，全身都覆盖有羽毛。它有正常的翅膀，但前肢比伶盗龙和大多数现代鸟类短得多。所以并没有足够强壮的前肢，可能胸部也没有足够大的肌肉来支撑飞行。它的翅膀是从祖先演化而来，这种演化可能有两个原因：

一是孙氏振元龙的翅膀可以让它做其他的事情——也许是为了炫示或者是为了给恐龙蛋保温。二是可能振元龙的祖先会飞，然后它们的体型变得越来越大，直到失去了飞行能力，变得更像鸵鸟。

我的同行吕君昌是一位中国的古生物学家，他看到了孙氏振元龙化石的第一张照片。它的翅膀真的很大，很漂亮。他很兴奋地把照片发送给我，我也感到很激动，于是来到中国和他一起观察标本。它包裹在一大块沉积岩中，骨骼非常醒目，颜色比周围的岩石深得多，是暗灰色的，看起来就像是美术馆里的陈列品。这是我所见过的最美丽的

史蒂夫·布鲁萨特

孙氏振元龙的翅膀看起来多么神奇啊！

这块孙氏振元龙化石是在一大块沉积岩中被发现的，骨骼非常明显。

史蒂夫和吕君昌与孙氏振元龙化石。

化石之一，它是如此的引人注目。我们把它与其他恐龙进行比较，对它的解剖结构进行了分类后，将其归入伶盗龙科。

在这种情况下，当我被请去研究别人已经发现的化石时，我会遵循一个方法。在我去之前，我尽量先收集尽可能多的信息，观看照片，了解标本。然后，我开始研究标本，了解这些标本的意义，将其与其他恐龙做大量的比对。我们需要完全依靠自己的经验，就像医生治疗一个抱怨自己病症的病人一样。医生知道哪些疾病通常有哪些症状，并且可以通过询问患者的症状来识别疾病。古生物学家也一样，我们知道不同的恐龙有不同类型的骨骼，骨骼的大小和形状也不同，或者什么恐龙有角、尖刺或长脖子，我们还会根据恐龙的骨骼类型来识别恐龙。

我们在学校里学到了很多解剖学知识，并将这些知识运用到实践中，然后进行测量、绘制图纸，记录它们是否具有某些特征。将所有这些都录入电子表格，然后用电脑把电子表格转换成谱系图。如果恐龙之间有很多共同的特征，我们就把它们归为近亲。这需要花费很多时间，因为它非常细致，就像在犯罪现场工作一样！

成为大型恐龙有什么好处？

很难想象长到像阿根廷龙这么大有什么优势。毕竟，体型越大，生存所需的资源就越多。那么，生物长成如此巨大的好处是什么呢？为什么有些恐龙会不断演化成体型更大的恐龙呢？科学家们不一定知道所有的答案，但他们的确有一些猜想。

首先，作为植食性恐龙，拥有一个庞大的身体可以更好地抵御像暴龙这样牙齿锋利又饥饿的掠食者。即使是一只经验丰富的掠食者，即使它拥有强有力的颌部和残暴的利爪，要打倒一只有一座公寓那么大的恐龙也并非易事。为了匹配体型，一些蜥脚类恐龙有着厚厚的覆鳞皮肤，很难咬穿——这是对所有想吃它们的动物的另一种有效防御措施。

最大的巨龙类恐龙的体型之所以如此之大，也可能是为了获取其他动物无法得到的资源——比如树顶的叶子。当其他恐龙都在地上或河里搜寻美味佳肴的时候，最大的植食性恐龙可以吃到很高处的食物。这样一来，就有足够的食物供不同物种的恐龙食用。那么，这些巨型恐龙是如何长到这么大的？科学家们对此也有假说。部分原因可能与某些恐龙中空的骨骼有关。中空的骨骼意味着它们的身体较轻，所以它们的骨架的体积可以变得更大。另一种假说认为，这些蜥脚类恐龙并没有费心去咀嚼它们所吃的植物，而只是扯下树皮和树枝，囫囵吞枣吞了下去。

它们巨大的身体的特点就是，消化道更大、更长，能够分解所有木质和多汁的植物。当进食开始的时候，或者几天、几周后，恐龙已经从食物中获得了所有的营养。也许这些额外的维生素能帮助它们长到非常巨大的尺寸。还有一种假说认为，肉食性恐龙之所以体型巨大，可能与其头部的形状有关。最近，科学家们在研究肉食性兽脚类恐龙头部奇怪的突起和颈盾时，有了一个有趣的发现。最大的兽脚类恐龙的头骨上长出了复杂的骨饰。事实上，在22只最大的兽脚类恐龙中，有20只拥有某种华丽的"头饰"。这些骨饰和恐龙的体积有什么确切的联系？科学家们仍在努力寻找这些问题的答案。但是一些科学家认为，这些有骨饰的头骨，可能是为了帮助兽脚类恐龙找到配偶、宣告自己的领土或是保护自己。这些都是非常大的优势！

够取高高的树枝对腕龙来说是轻而易举的。

像迪亚曼蒂纳龙这样的巨型恐龙有中空的骨头吗？

变小

一些大型陆生动物在史前时代的地球上四处漫游。但它们的另一端——最小的那一端呢？这类生物也不会让人失望。像壁虎那么小的"恐龙"，一定和暴龙苏以及它的同伴有着截然不同的生活！

小盗龙

时期： 白垩纪早期

特征： 这种恐龙的成年个体长约40.6厘米，有一条长长的扇形尾翼和两对翅膀，上面覆盖着飞羽。一些科学家认为，小盗龙很可能会飞。小盗龙还有锋利的小小的牙齿，可能用来咀嚼较小的动物和昆虫。

这是一种只有鞋盒大小的恐龙。

美颌龙

时期： 侏罗纪晚期

特征： 体长大约0.6米——相当于一只鸡的大小，速度很快，会捕捉并吃掉蜥蜴，可能会把蜥蜴整个儿吞下去。

美颌龙以蜥蜴为食。

跳龙

时期： 三叠纪晚期

特征： 恐龙的远亲，体长0.6米，重约0.9千克，大小和现代的家猫相当。跳龙名字的含义是"跳跃的脚"。但它真的会跳吗？科学家们并不确定。

恐龙的远亲跳龙可能会跳。

举世闻名的禽龙是第二只被命名的恐龙。

世界上第一只著名恐龙：禽龙

不，禽龙从来就不是地球上最大、最小或最奇怪的恐龙，但它是最早成名的恐龙之一。这是因为它是现代历史上发现的第一种恐龙。而且，它是继巨齿龙之后第二个被命名的恐龙。人们开始对恐龙着迷，很大程度上要归功于禽龙。

1822年，当人们在英格兰南部的一个采石场里发现了一些禽龙的牙齿时，"恐龙"这个词还没有出现。当然，几千年来人们已经发现了各种各样的恐龙化石。但是没有人知道这些化石究竟是什么动物的。1822年，查尔斯·达尔文还没有发表他的《进化论》，没有人知道几千年来不同种类的动物的发展演化史。对这些研究人员来说，禽龙的大牙齿和大骨头的发现，意味着可能仍然有巨大的蜥

禽龙可以用嘴喙啃食植物。

蜴在地球上的某个地方游荡。毋庸置疑，这听起来挺吓人的。

渐渐地，具有开拓精神的古生物学家开始明白，禽龙实际上并不是一种巨大的鬣蜥（它的名字的意思是"鬣蜥的牙齿"）。他们还发现地球上任何地方都没有活着的禽龙。

这些发现激发了人们对恐龙骨骼的狂热。对于一些专门的化石猎人和科学家来说，这股热情仍在继续，一如既往地强烈和重要。

禽龙的研究始于19世纪初，此后，人们发现了大量的禽龙骨骼。这意味着科学家研究它的时间几乎比其他任何种类的恐龙都要长。所以我们对禽龙非常了解。禽龙生活在约1.25亿年前，曾经遍布整个欧洲，大约有一只非洲象那么高，体重是后者的两倍多，体长将近

9.1米，重达13608千克。这种皮肤粗糙的鸟脚类恐龙以植物为食，它们用长有5个手指的前肢抓住植物，用长在嘴喙内侧的尖利的牙齿啃食食物。

早在19世纪，科学家们就认为禽龙是用四肢行走的。但经过多年的研究，他们转向了一种新的假说：禽龙用两只脚直立行走，尾巴拖在地面上以保持身体平衡。这种猜想最近又发生了改变。科学家现在认为，禽龙有时是用四肢行走，有时是用两条腿行走的。用两条腿跑的时候最快，所以当它不得不逃离时，它可能会站立起来。也有可能禽龙在幼年时期用两条腿走路，随着年龄的增长，用四条腿走路会更舒服。它的拇指上有一根大尖刺，可能是用来防御掠食者的。像其他植食性恐龙一样，它很可能是群居的。

关于禽龙还有什么可了解的吗？可能还有很多很多！时至今日，科学家们还在继续研究这种迷人的恐龙。

测量

化石猎人很难找到完整的恐龙骨架，那么，科学家们是如何从数量很少的骨骼化石中获取重要信息的呢？比如，恐龙有多大，有多重？他们有很多办法。首先，他们可能会将恐龙与已知的现生动物（如大象）的大小和体重进行比对。他们还可能将恐龙的骨骼与相关物种的骨骼进行比较，并利用这些骨骼进行估计。他们还可以研究恐龙的足迹化石。这些发现很常见，但仍然令人兴奋。这些足迹提供了恐龙行走时踩踏程度的线索，有助于计算它们的体重，以及它们行走或奔跑的速度。

如今，科学家们使用计算机模型来帮助他们评估恐龙的形态以及移动方式。最近，英国科学家利用计算机模型来了解蜥脚类恐龙是如何演化成如此巨大的生物的，以及它们身体的不同形状。科学家们发现，最早的蜥脚类恐龙能够平衡臀部的重量，所以可以用两只脚走路。但随着蜥脚类恐龙变得越来越大，它们的身体前部也越来越重，开始用四只脚走路。科学家们认为，这种体重的转变是帮助巨龙类长到如此巨大的体型的原因，而且与较小的蜥脚类恐龙不同，它们能够一直存活到6600万年前——直到恐龙时代的终结。

深入了解

恐龙身份

你是史前时期的专家吗？ 根据线索识别这些史前超级巨星！

1. 这种生物有鳄鱼一般的颌部，可能是用来吃鱼的。

2. 这只呆呆的恐龙有一个长长的鼻角，眼睛上方有一个角，还有一个巨大的头部颈盾。

3. 它的股骨长达2.4米，心脏周长1.8米，是一个庞然大物。

B 巴塔哥泰坦龙

4. 这只体长40.6厘米的恐龙还有一套额外的飞行装备。

5. 这只长翅膀的恐龙有山羊那么大。

6. 这种大型肉食性恐龙的头骨重达272千克。

A 暴龙

C 棘龙

D 皇家角龙

E 小盗龙

F 孙氏振元龙

第二章

恐龙来了

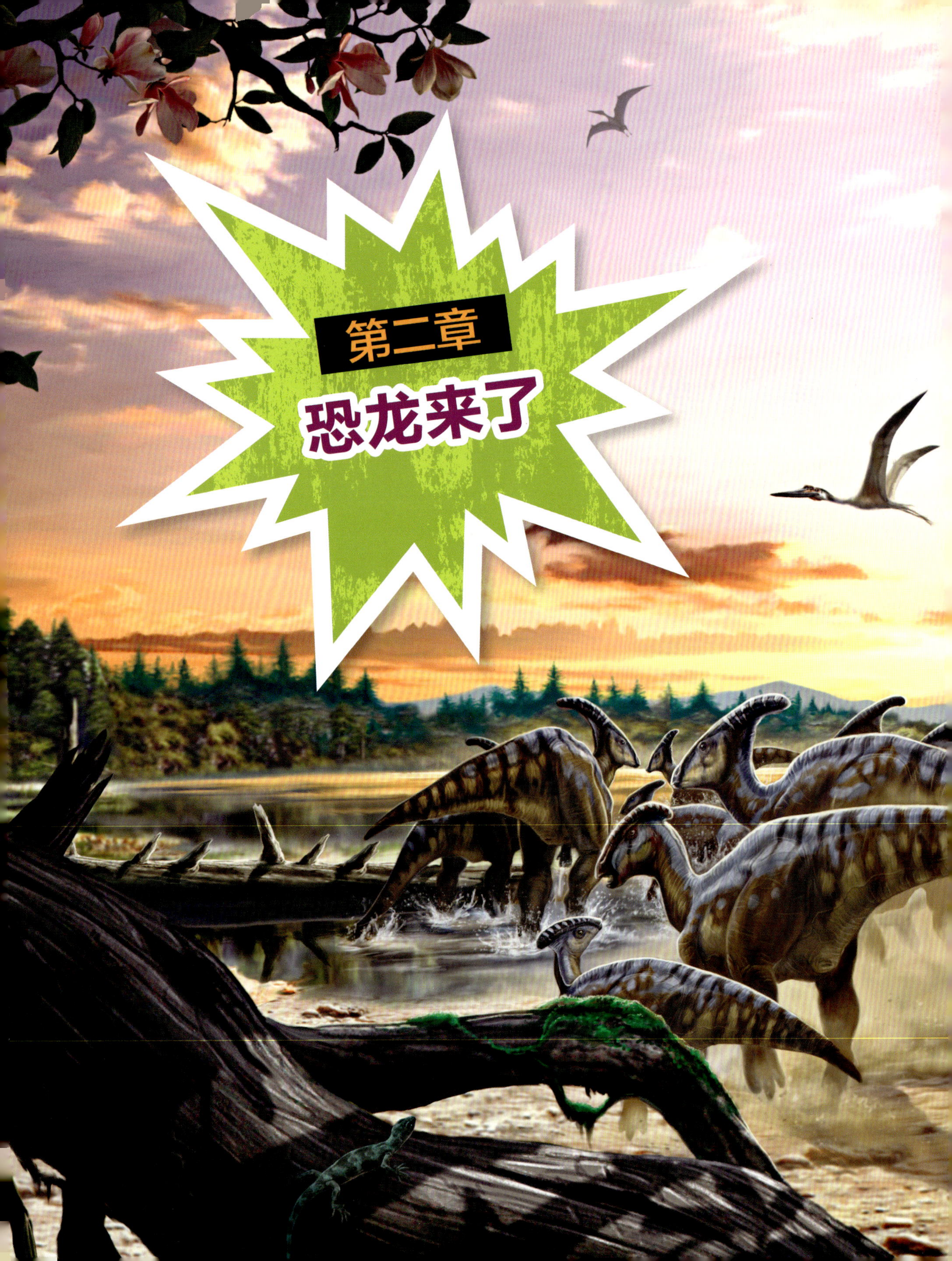

恐龙和会飞的爬行动物的"史前快照"。

重重叠叠的足迹就像一页页书，

在一层层的岩石里留下了各种不同的足迹。

史蒂夫·布鲁萨特

一开始，我们并不知道这是什么，只知道这些足迹令人惊叹。

我的同行在波兰中部发现了恐龙祖先留下的足迹。通过研究它们，我们可以知道这些不同种类的动物是如何随着时间的推移而变化的——它们的大小是否已经在千百年里发生了变化，它们是否已经灭绝并且被其他新物种取而代之。我们认为这些都是爬行动物的足迹。

我去了波兰发现足迹的地方进行实地考察，我和我的朋友格列戈尔兹·尼兹维兹基发现了更多这样的脚印和足迹，尼兹维兹基是一位年轻的波兰古生物学家。

由于每只动物只有一副骨架，所以要找到一个完整的动物骨骼化石是很困难的。但是，如果这种动物生活在一个可以保存足迹的环境中，它就可以留下数以百万计的印记。所以相比骨骼来说，古生物学家更容易找到足迹。从这些足迹中，我们可以了解到很多关于这些动物的信息。经过研究，我们知道这些足迹是由恐龙的祖先——生活在三叠纪期的动物留下的。它们来自于一种叫作原旋趾蜥（Prorotodactylus）的生物。这种足迹非常罕见，我们在波兰发现的这些足迹让我们得以一窥恐龙的起源。

这些印记很小，只有几厘米左右，有脚印也有手印，所以这些动物是四肢着地行走的。从脚印的大小和间距，我们可以知道这些动物有多大——大致相当于家猫的大小。更重要的是，这些脚印帮助我们认识到，恐龙的直系祖先出现的时间比我们原先认为得要早得多。这正是我所期待的！

我们还学到了一些我们此前并没有预料到的知识：我们今天所知道的大型恐龙的起源很不起眼。它们一开始是温顺、谦逊、笨拙、四肢修长的动物，生活在爬行动物、两栖动物和早期哺乳动物等动物统治的阴影下。你绝对想不到，这些生物繁衍出的后代会演化成暴龙和雷龙！

在波兰发现的恐龙祖先的足迹。

我们**很难**找到完整的动物**骨骼化石，**因为每只动物只有一副骨骼。

原旋趾蜥大概有家猫那么大。

恐龙
在地球上生活了
1.65亿年。

但它们并不是地球上第一批演化出来的生物。

第一批动物和第一批恐龙的出现时间间隔了3亿多年。但是那段时间的所有这些动物都和恐龙有很大的关系。恐龙出现之前的时间被称为二叠纪。

在二叠纪的4500万年里，你根本认不出我们的星球。首先，它只有一个巨大的大陆，叫作盘古大陆，意思是"所有的大陆"。特提斯海是唯一的海洋，意为"所有的海洋"，

它是以希腊神话中河神之母的名字命名的。这片水域遍布珊瑚礁和海绵，还有很多腕足类动物。腕足类动物是一种海洋动物，类似于今天有铰链壳的生物，如蛤蜊和贻贝。

当时，在地球的最北端，天气非常炎热，气候在干燥和潮湿之间来回转换。可能最恶劣的生存环境是在远离海岸的盘古大陆的中心。到了二叠纪时期，那里的大部分地区已经从沼泽变成了沙漠，因此几乎不会下雨。

随着时间的推移，地球变得越来越干燥，动植物也适应了新的气候。地球上曾经生长着许多苔藓，但是，由于这些植物的生长需要潮湿的环境，所以它们在这段时间灭绝了。取而代之的是用种子繁殖的裸子植物。在二叠纪，这些物种包括针叶树（如常青树和松果）、苏铁（如今天的棕榈树）、银杏和蕨类植物，以及一些稀疏的灌木或藤蔓。

各种各样的昆虫开始在二叠纪出现，并与新的植物一起繁衍壮大。这些昆虫取代了

盘古大陆分裂

植物和昆虫。

之前的物种，比如长达 10.2 厘米的会飞的蟑螂，长达 0.6 米的蜻蜓，还有长达 2 米的千足虫——它甚至比你养的狗狗还要大。

像异齿龙这样的爬行动物也在盘古大陆上四处爬行。它可能是二叠纪时期最容易被辨认的动物了。它看起来就像是一只 227 千克重的蜥蜴，背上有一个高大的背帆。过去，科学家们认为异齿龙吃植物，但当他们在美国德克萨斯州发现了 39 具异齿龙化石——连同它们吃过的一些食物的化石时，科学家们才了解到异齿龙是以鲨鱼、两栖动物笠头螈以及其他陆生动物为食的。

二叠纪的一些爬行动物是以植物为食的，如麝足兽。它们成群结队地生活在盘古大陆上。盘古大陆分裂后，它们则生活在现在的非洲。在巨龙类甚至其他恐龙出现之前，第一批大型植食性动物也生活在那里。它们被称为锯齿龙类，身体呈桶状，覆盖着骨凸。它们的腿很短，脑袋也很小。锯齿龙类重达 590 千克，生活在潮湿的低地，喜欢长时间待在水中。那时，我们的星球上还没有任何哺乳动物，只有一群不同种类的兽孔类爬行动物，哺乳动物是从它们演化而来的。它们可能有胡须和皮毛，甚至是温血动物。

二叠纪的蕨类化石。

像异齿龙这样的爬行动物比恐龙出现得更早。

时间轴

地球上的时间是用年代来描述的。 这是离现在最近的3个：

- **古生代：距今5.42亿年**

  这一时期包括二叠纪等：

  二叠纪：距今2.99-2.51亿年

- **中生代：距今2.51亿年**

  中生代的时期包括：

  三叠纪：距今2.51-1.996亿年

  侏罗纪：距今1.996-1.45亿年

  白垩纪：距今1.45亿年-6550万年

- **新生代：距今6550万年**

  新生代时期包括：

  古近纪：距今6550-2303万年

  新近纪：距今2303-260万年

  第四纪：260万年前至今

到了二叠纪末期，我们的星球上到处都是各种各样的生物。然而，在之后数万年的时间里，地球上的大部分物种都灭绝了。

这是有史以来最大的一次灭绝事件。超过90%的生物——植物、昆虫、陆地动物、海洋生物——在被人们称为"大灭绝"的事件中消失了。它也被称为二叠纪-三叠纪大灭绝，可能是由于现在位于西伯利亚的火山爆发引起的。

如果这一切听起来很悲惨，那就想想看：如果没有二叠纪-三叠纪的大灭绝，恐龙可能永远都不会存在。我们的星球现在有足够的空间和资源让恐龙出现并繁衍生息。数亿年后，人类通过科学了解了有关它们的一切。

恐龙究竟是什么？

现在，我们知道，恐龙之所以成为恐龙，是因为它们拥有一些非常特殊的特征。但情况并非总是如此。19世纪初刚开始寻找恐龙化石的时候，人们对恐龙的许多看法都是完全错误的。例如，即使是理念最为先进的科学家也认为当时挖出的恐龙骨头属于巨型蜥蜴。事实上，"恐龙"这个词是1842年创造的，意思是"可怕的蜥蜴"。虽然恐龙和蜥蜴都是爬行动物，但它们只是远亲。

有一段时间，科学家们认为任何真正古老的化石都一定属于恐龙，即使他们对恐龙的研究更加深入之后还是这么认为。现在我们知道，鱼龙、沧龙和蛇颈龙这些生活在史前海洋中的动物并不是恐龙，而在天空中飞翔的翼龙也不是恐龙。

时至今日，科学帮助我们理解了古生物学家在过去的 200 年里的所有惊人的发现。首先，我们现在知道，恐龙是脊椎动物。这意味着它们的身体内部有脊椎和骨骼。而所有的哺乳类如人类和马，两栖动物如青蛙和蝾螈，以及鱼类，都是脊椎动物。

恐龙除了是脊椎动物外，还是爬行动物。爬行动物的其他成员包括海龟、蜥蜴、蛇和鳄鱼。鸟类也和爬行动物有着很深的渊源，这听起来真是不可思议对不对？不过，当你明白爬行动物到底都有什么特征时，你就不会感到困惑了。

首先，爬行动物的身体上有鳞片。你可能知道在鱼或蛇的身体哪里可以找到鳞片（在鸟的脚趾上可以找到鳞片，有时甚至还能在脚和腿上找到）；爬行动物通常会产下有坚硬外壳的蛋（尽管有些爬行动物会直接产下幼崽）；它们用肺呼吸；大多数爬行动物都是冷血动物。

另一件使恐龙之所以成为恐龙的事情是，它属于一种叫祖龙类的爬行动物。在二叠纪－三叠纪大灭绝时期，祖龙类（即处于统治地位的爬行动物）开始演化。它们中的一些幸存了下来。由于大灭绝之后地球上幸存的动物不多，因此对食物、水和栖息地等资源的争夺也就不那么激烈。这有助于祖龙类的繁衍和多样化。在某种程度上，祖龙类分裂成两支。其中一支演化成了鳄鱼的祖先，另一支演化成翼龙和恐龙——恐龙的其中一支就包括鸟类。很快，恐龙就会开始缓慢地登上动物王国的顶峰。

鸟臀目与蜥臀目

鸟臀目是恐龙家族的主要分支之一，它的成员是所谓的"鸟臀部"恐龙。它们的特征是臀部最前端的骨头——耻骨——指向后方。下一页的谱系树描述了鸟臀目的3大类恐龙。

恐龙家族的另一个分支是蜥臀目，这是有"蜥蜴臀部"的恐龙。蜥臀目恐龙的耻骨向下且向前。你会在谱系图中发现蜥臀目恐龙分为两大类。令人困惑的是，鸟类是蜥臀目中其中一个分支的后代。

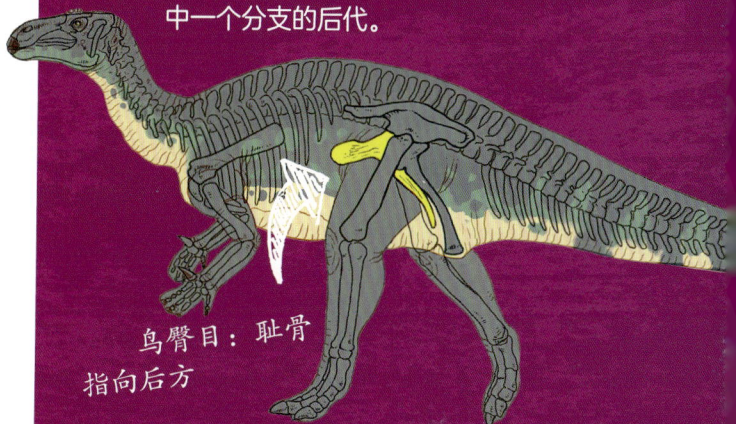

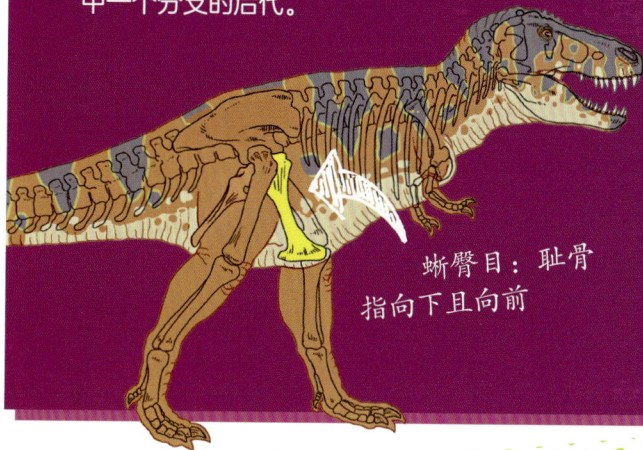

鸟臀目：耻骨指向后方

恐龙家族的另一个分支是蜥臀目，这是有"蜥蜴臀部"的恐龙。蜥臀目恐龙的耻骨向下且向前。你会在谱系图中发现蜥臀目恐龙分为两大类。令人困惑的是，鸟类是蜥臀目中其中一个分支的后代。

蜥臀目：耻骨指向下且向前

恐龙谱系图

史蒂夫·布鲁萨特

主龙类

鳄类

翼龙类

恐龙

鸟臀目

覆盾甲龙类

剑龙类

甲龙类

头饰龙类

角龙类

肿头龙类

鸟脚类

禽龙类

鸭嘴龙类

蜥臀目

原蜥脚类与蜥脚类

兽脚类

暴龙类

似鸟龙类

镰刀龙类

驰龙类

鸟类

我做的大部分工作是为恐龙和其他远古动物建立谱系图。和人类家族一样，这些谱系图对于理解恐龙家族在历史上是如何演化的非常有用。

当我们建立自己的家谱时，我们会从照片、信件和文件中寻找信息。当然，我们不能对恐龙那样做，但我们可以利用骨头和牙齿。当我们研究恐龙化石时，会列出它们的特征：一些牙齿是锋利的，另一些是呈叶子状的。有些颈部脊椎有10块，而有些则有11或12块。有的臂骨很长，有的臂骨则很短。骨头中有很多线索！

脖子长长的蛇颈龙

二叠纪早期的植物叶片化石。

恐龙是如何演化的？

这是 2.3 亿年前三叠纪的中期，是构成中生代的三大时期之一。地球正缓慢地从二叠纪－三叠纪毁灭性的大灭绝中复苏过来。盘古大陆仍然是一个以沙漠为中心的大区域，此时正是它最热和最干燥的时候。野火爆发使得任何生命的存在都变得更加困难。大多数生命生存在广阔的大陆边缘，那里的生存条件是最合适的。

但情况正在改变。这里的气候大多炎热干燥，雨水随着季风喷涌而来。充沛的雨水可以让这些在大灭绝中幸存下来的奄奄一息的植物和树木恢复生机，譬如银杏、针叶树、木贼、蕨类和巨大的红杉等。

海洋里生活着龟类，其中一些龟类还长着牙齿。还有一些更为奇怪的动物，比如蛇形爬行动物阿氏开普吐龙，以及脊椎爬行动物楯齿龙。还有非常可怕的幻龙，它能长到 3.4 米长，在水中用锋利的牙齿捕食鱼和乌贼，还会用四肢上的五个粗壮的爪子爬上岸。水里也有鱼龙类，比如巢湖龙——一种 1.8

楯齿龙嚼食甲壳类动物。

米长的鳗形的动物，会在水中产下幼龙。

在三叠纪末期，海洋成了另一种爬行动物的家。2015 年在德国发现的一种 1.5 米的蛇颈龙类首次证明了这类物种的存在。蛇颈龙类中最令人印象深刻的不是长颈的薄片龙，而是阿尔伯塔泳龙，它长 11 米，脖子是蛇颈龙类中最长的，达到令人难以置信的 7 米！

一些爬行动物能在天空中滑翔，比如孔耐蜥。这是一种小动物，它展开翅膀并利用腋下的气流，在树与树之间穿梭。最早的翼龙类沿着海洋飞行，用它们多齿的喙叼起鱼等食物。翼龙中的真双型齿翼龙样子看起来很像蝙蝠，有毛茸茸的身体和坚韧的翅膀，还有非常尖的牙齿，用来紧紧咬住猎物。

蟑螂在二叠纪—三叠纪大灭绝中幸存了下来，在那之后的每一次大灭绝中它都得以幸存，蜘蛛、蝎子和千足虫也是如此。在此期间，一些哺乳动物的祖先开始出现，其中包括一种叫作布拉塞龙的植食性动物，它长得像河马，身体有小汽车那么大，有着长长

什么是趋同演化？

你有没有注意到，科学家在描述史前动物时，经常把它们与现代动物，如河马、鼩鼱或食蚁兽进行比较？这样做的原因是为了快速做出每个人都能理解的区分。但也有一种叫作趋同演化的东西。这意味着非常早期的动物确实具有后来的动物身上的一些生理特征。其中包括恐龙和一些在它们之前和之后出现的动物。在三叠纪，爬行动物三视龙有一个圆顶的头部，这在后来出现的一些恐龙中很常见，比如肿头龙类。

的獠牙。最早的真正的哺乳动物也出现在三叠纪：毛茸茸的始带齿兽，体长 1.2 米，外形和大小上与一只鼩鼱相似。

这里到处都是凶猛的肉食性动物。波斯特鳄是一种肥头大耳的爬行动物，它在树林里捕食双足行走的犬颌兽。波斯特鳄是一种小而凶猛的四条腿的肉食性动物，能够轻易地咬穿任何经过它面前的可怜的植食性动物。镰龙是一种爬行动物，看起来像是变色龙和食蚁兽的结合体，能用脚抓住树枝。

最后，在所有这些动物和植物中，我们说回我们的明星：恐龙。说实话，并不是所有的三叠纪恐龙都能给人留下如此深刻的印象。许多恐龙都非常小，尤其是与后来出现的庞然大物相比。而且它们也没有那么多样化。起初，它们大多是原蜥脚类动物——生活在盘古大陆潮湿地区的四足或两足蜥脚类植食性动物。

爬行动物波斯特鳄在捕食猎物。

始盗龙是最早的恐龙之一。它生活在 2.3 亿年前的阿根廷地区。它可能是巨型蜥脚类恐龙如巨龙类的祖先。始盗龙名字的含义是"早期的掠食者"，它的体长只有 0.9 米，体型更像小型暴龙而不是雷龙。始盗龙又瘦又轻，还是一个敏捷的奔跑健将，能用两只脚快速地穿过居住的沙漠。大多数研究人员将其列为肉食性动物，因为它吃蜥蜴和其他小型爬行动物，但也可能吃植物。它很可能是杂食性动物。

伊森龙的骨骼化石是在现今的泰国地区被发现的。这个生活在三叠纪晚期、以森林为家、腹部肥大的植食性动物可能是最早的蜥脚类恐龙，它是在原蜥脚类之后出现的，并直接从原蜥脚类演化而来。它有一条很长的尾巴，走路时尾巴高高翘离地面。它全长只有 6 米，一排尖刺从它的头部中间一直延伸至尾巴。

然而，恐龙当时并没有完全统治地球。例如，有些掠食性恐龙还会被一些演化自主龙类的、体型较大的鳄类吃掉。一些科学家假设，为了在三叠纪生存下去，许多恐龙会躲避那些想要吃掉它们的动物。

但是，灭绝事件又一次帮助了恐龙。在距今 1.99 亿年前，也就是三叠纪末期，发生了一个大事件。这次大灭绝导致了地球上大约 50% 的物种消失。很多鳄类就这样灭绝了，还有许多两栖动物也遭遇灭顶之灾，其中包括一种叫方额蜥的顶级掠食者蝾螈。

恐龙现在拥有了占领地球所需的所有空间和资源。

伊森龙的嘴巴很适合吃树叶。

哺乳动物一般的二齿兽（左）和始盗龙（右）。

翼展10.1米的风神翼龙很可能是有史以来最大的飞行霸主。

翼龙

翼龙是中生代主要的飞行动物。

翼龙虽不是恐龙，但两者关系密切。它们都是爬行动物和主龙类，有着相似的腰带和脚踝。

一些科学家认为，一种名为斯克列罗龙的小型、善跳的食虫动物是翼龙和恐龙的共同祖先——这些动物最终在三叠纪演化成恐龙。但究竟什么是翼龙呢？

有翼的蜥蜴——翼龙大约在2.3亿年前飞上了天空。这比会飞行的鸟类早了7500万年。翼龙的骨头是中空的，很轻，有利于飞行。它们的翅膀与身体之间有一层皮质的膜，但没有羽毛。就像恐龙一样，翼龙在三叠纪开始时体型很小。平均翼展是1.2米，但到了白垩纪末期，它们的翼展越来越大，有些甚至发展到了巨大的尺寸。风神翼龙生活在距今6800万年前，拥有

翼龙，比如妖精翼龙，可能和鸟类一样喂养幼龙。

10.1米宽的翼展，很可能是有史以来最大的飞行专家。

一些科学家认为，翼龙是在鸟类出现后才演化成大型动物的。这个假说认为，起初的鸟类和翼龙的体型差不多，吃的东西也没有差别。地球上没有足够的资源供它们两者同时食用，因此翼龙演化成了体型更大的掠食者，吃鱼和肉，避免与食虫的鸟类竞争。

翼手龙可能是最著名的翼龙，但并不是唯一的有翼巨星。

• **真双型齿翼龙**：最古老的翼龙之一，有一条像风筝一样的长尾巴。

• **梳齿龙**：400颗长而紧密的牙齿有助于这只涉水的翼龙从河水中筛出鱼来。

• **高卢翼龙**：这个飞禽有头冠，作用可能是为了吸引异性。

侏罗纪

　　2亿年前发生了一件大事。盘古大陆在三叠纪晚期已经开始分裂，到了侏罗纪时期，它实际上已经分开，上半部分变成了劳亚古陆，并最终变成北美洲、欧洲、俄罗斯和格陵兰岛；下半部分漂移开去，形成了冈瓦纳古陆，在遥远的未来变成了南美洲、非洲、印度、澳大利亚和南极洲。此时，地球上有两个大洋，太平洋和特提斯海。另有一条水流横贯两个大陆，连接着两大洋。这条狭长水流被称为原大西洋。"原"的意思是"先前的"，而且顾名思义，这片狭长水流最终形成了大西洋。

侏罗纪早期的劳亚古陆和冈瓦纳古陆。

　　随着气候变暖（尽管在侏罗纪末期会逐渐变冷），位于劳亚古陆中部的沙漠开始被浅海所覆盖。海洋中间出现了岛屿，这些岛屿是由高水位水流流经陆地形成的。在某些地方，熔岩从火山中喷出，随着地球板块的移动，大陆被拉扯开。

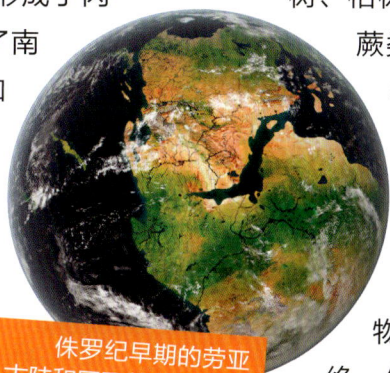

　　与动物界的大灭绝不同，许多植物在二叠纪–三叠纪大灭绝中幸存了下来，尤其是针叶树，它们看起来很像现今地球上的红杉树、柏树和紫杉。银杏、苏铁、木贼和蕨类植物也在侏罗纪繁盛起来，森林变得郁郁葱葱，苔藓也卷土重来。所有这些植物对即将在地球上爆发的巨型蜥脚类恐龙来说都是好消息。

　　在侏罗纪初期，一些两栖动物和许多非恐龙爬行动物已经灭绝，但仍有大量生物，甚至是更多的生物出现了。像海豚一样快速游动的鱼龙类遍布整个海洋；拥有15.2米的长脖子的蛇颈龙类抓住那些不走运的鱼当作晚餐；上龙

新西兰的惠里纳克森林公园里的一大特色就是苏铁和蕨类植物。

针叶树幸免于难。

皮内成骨和鳞甲

当人们谈论覆盖在恐龙身上的坚硬盔甲时，"皮内成骨"和"鳞甲'这两个词有时会交替使用，但其实这两个词的意思并不完全相同。皮内成骨是一种保护性的骨骼，直接长在皮肤里。而鳞甲是皮内成骨的外层覆盖物，位于骨的顶部，是由角蛋白组成的，这种物质也存在于人类的指甲和动物的角中。

这具结节龙类化石的特殊之处在于它的皮内成骨和鳞甲都保存得很好。

类的脖子很短，嘴巴很宽，长着锋利的牙齿，它们又大又凶猛，足以把蛇颈龙类当零食吃掉；菊石有螺旋形的外壳；鲨鱼、鳐鱼和乌贼的祖先随处可见。珊瑚礁蓬勃生长，浮游生物也在不断增多，其中一些是现在地球上一些动物的近亲，比如像萤火虫一样发光的鞭毛藻类。

最早的现代风格的哺乳动物出现在这一时期。二叠纪－三叠纪大灭绝后不久，一种叫作巨带齿兽的生物开始在森林中潜行，它的长相类似老鼠，寻找昆虫、蜻蜓，也许还有蚜蝣和蜘蛛来吃。虽然巨带齿兽看起来很像老鼠，但它并不像现代哺乳动物——它会下蛋。

随着新生命的爆发，大型蜥脚类恐龙以及那些最终演化为暴龙的超级凶猛的兽脚类恐龙很快就会出现。紧随其后的是第一种"携带盾牌"的覆盾甲龙类，包括剑龙类和甲龙类。

沉重且皮糙肉厚的剑龙类现在是明星恐龙。它有一辆巴士那么长，重约6350千克。

侏罗纪充满了各种生灵：双型齿翼龙、巨齿龙类、菊石和鹦鹉螺。

这个庞大的身体是由一个只比核桃稍大一点的大脑控制的！

　　尽管剑龙以苔藓、蕨类和嫩木等低洼处的植物为食（它的短脖子使它只能触到这些），但它是侏罗纪时期的完美代表。剑龙有着粗壮的桶形身体，尾巴末端有 4 根又粗又尖的尖刺。一只异特龙的骨骼化石上就保存有被剑龙的尖刺造成的伤口，所以你可以猜到它们的用途是什么——砰！剑龙最著名的特征是沿着脊柱向下延伸的骨板，以锯齿形从背部向上延伸。科学家对于骨板的用途有几种看法。一些人认为这有助于防御和吸引配偶，另一些人则认为它可以从太阳吸收热量来保持身体温暖。

　　角鼻龙对植食性的剑龙是一个严重的威胁。这种"有角的蜥蜴"——你猜对了——头上长着角，还长了 3 个，背部同样有皮内成骨，即皮肤中的保护性骨骼。

　　异特龙可能是剑龙最强大的敌人。异特龙身长 12.2 米，体重 2041 千克，比后来的肉食性动物的体型更小、体重更轻。但它仍然可以将锋利的 10.2 厘米长的弯曲牙齿和钩状爪子插进剑龙的肉里。事实上，它的颌部可以张开得特别大，可以咬得特别有力。异特龙啃咬的部位集中在剑龙的脖子上，因为那里的盔甲比较少。

　　除了独自狩猎，异特龙可能还会成群结队地觅食，和其他同类一起出去捕食弱小或频临死亡的动物，共享盛宴。异特龙看起来一定很凶猛。它的眼睛上方有角凸，可能是用来当作武器的。最重要的是，它有强壮的前肢，末端有巨大的钩状爪子，锋利的牙齿在其一生中不断脱落并重新生长。此外，异特龙的奔跑速度约为每小时 33.8 千米，可以毫不费力地赶上并猎食那些缓

巨大的剑龙的大脑只有核桃大小！

慢而沉重的蜥脚类恐龙。

最后，如果我们不讨论空中飞行的生物，那么关于侏罗纪的讨论是不完整的——我们说的不是翼龙，我们指的是飞翔的恐龙！近鸟龙是迄今为止在中国发现的最古老的飞行恐龙。它生活在大约 1.61 亿年前，全身覆盖着羽毛，体型和鸡一样大小，而且跟鸡一样，它也很可能无法真正地飞行，科学家认为它的羽毛太短了。相反，它很可能像一只飞鼠那样在树枝间滑翔，在跳跃的间隙用喙捕捉昆虫。一些科学家认为，近鸟龙的羽毛是黑色和灰色的，头上有红色

的羽冠。通过研究黑素体——一种储存色素的细胞，科学家发现了这一点。

来自近鸟龙化石中的黑素体帮助科学家们了解了这种恐龙的颜色。

近鸟龙出现 1000 万年之后，始祖鸟出现了。科学家们一致认为它是一种恐龙——但它也是一种鸟类吗？科学家们对此意见不一。一方面，始祖鸟和其他兽脚类恐龙一样，有牙齿和骨质长尾，翅膀上有爪子，这和鸟的翅膀并不一样。但始祖鸟也有一些现代鸟类的特征，比如拥有羽毛、翅膀和叉骨。它会飞！古生物学家研究了在德国发现的 12 具始祖鸟的骨骼化石，发现始祖鸟的羽毛是非常适合飞行的。而且它的一些肌肉和韧带也是如此，这些肌肉和韧带赋予了它从地面起飞的力量。

就在这场生命大爆发的间隙，侏罗纪末期又发生了一次生物大灭绝。这次大灭绝发生在 1.45 亿年前，生活在海洋中的物种几乎消失殆尽。但是在陆地上，白垩纪时期的恐龙开始变得更大，更丰富，也更多样化。

异特龙可能是独自捕猎，但会成群觅食。

海怪

在二叠纪末期的大灭绝之后，大型水生动物开始统治海洋。这时，一些陆生动物走进海洋，变成了三叠纪的鱼龙。这些爬行动物在海中分娩，体长从76.2厘米到21.9米不等，有的几乎和蓝鲸一样大。

后来，在侏罗纪初期，更多的陆生爬行动物开始冒险进入大海，演化成长脖子和长鳍的蛇颈龙类。这些生物就像今天的海龟一样，也是在沙滩上产卵的。

鱼龙和蛇颈龙都必须从海中浮出水面来呼吸空气。沧龙也是如此，它是白垩纪时期的另一种海怪。

这些在深海中游泳的生物都是顶级掠食者，它们以乌贼、蛇颈龙甚至其他沧龙为食。18世纪，科学家们发现了第一个沧龙类

沧龙的鱼类盛宴

化石，但他们当时无法确定这具化石究竟是属于鲸类还是鳄类。胖嘟嘟的身体，鳍状肢，一条长尾巴，和一个长满了牙齿的狭窄的吻部，包括一些从它的上颌露出的牙齿，这应该会让你对它的模样有一个大致的印象。最著名的沧龙属恐龙是体长15.2米的沧龙。它强有力的颌部是沧龙属中最有力的，它能够咬死巨大的海龟、贝壳和其他生物。

白垩纪

各种各样的奇异事都发生在白垩纪。从1.45亿年前开始，地球开始看起来比较像我们现今所熟悉的星球了。超级大陆不断地漂移并分裂成更小的陆地。冈瓦纳古陆形成了现今的南美洲、非洲和印度。第四大洲后来形成了南极洲和澳大利亚，劳亚古陆形成了现今的北美洲，欧亚大陆基本上形成了现今的欧洲和亚洲。五大洋分别是太平洋、北冰洋、北大西洋、南大西洋和特提斯。

大陆的裂解是非常重要的，它有助于各种各样的生命在地球上出现。这些大陆上的新生态系统适应了不断变化的气候和陆地特征，这些气候使得包括许多恐龙在内的新物种得以演化。

哺乳动物的种类越来越多，生活在三叠纪和侏罗纪的哺乳动物是产卵为主的，但是一些白垩纪的哺乳动物则可能是胎生。这意味着幼崽在母体的子宫内生长，并且是出生后便可活动的，而不是作为等待被孵化的卵被产出体外。它们中的许多很像我们现在看到的毛茸茸的啮齿类动物，有尖尖的脸和长长的尾巴，其中一些甚至可能吃过小恐龙。

在白垩纪，鸟类支系的恐龙——最终演化成鸟类的恐龙——也变得越来越多样化。

真正的鳄类——不仅仅是鳄鱼的祖先——开始潜伏在河流和湖泊中，这些环境非常适合恐龙生活。当然，三叠纪和侏罗纪

一群厚鼻龙迈着沉重的步伐穿越草地。

的恐龙巨星比较少——只有蜥脚类、异特龙类和剑龙类。但其他恐龙类群正在蓬勃发展：带羽毛的兽脚类、驰龙类，长着结实脑袋的角龙类，长有像鸭子嘴巴的鸭嘴龙类，头骨超厚的肿头龙类，还有世界上最大的动物，巨龙类、掠食性阿贝力龙类，当然，还有暴龙类。

白垩纪的恐龙种类如此众多，以至于我们不知从何说起。以阿拉善龙为例，即使是科学家也认为这种恐龙很奇怪。当你在书中看到阿拉善龙的图片时，它看起来

科学家们一致认为，阿拉善龙是一种奇怪的恐龙。

就像是儿童木偶剧里的角色。阿拉善龙体重340千克，两腿站立时有3.7米高。它的身体和两个巨大的有尖爪的翅膀上覆盖着毛茸茸的羽毛状细丝。它属于兽脚类恐龙，但却吃植物。阿拉善龙是白垩纪发展起来的一种镰刀龙类恐龙中的一员，其中包括镰刀龙，一种"有镰刀的蜥蜴"，因其长且像镰刀一样的爪子而得名。

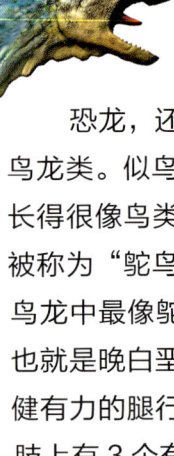

镰刀龙类并不是白垩纪出现过的唯一奇怪的似鸟恐龙，还有一些奇怪的像鸵鸟一样的似鸟龙类。似鸟龙类之所以得名，是因为它们长得很像鸟类。它们大多看起来像鸵鸟，而被称为"鸵鸟的模仿者"的似鸵龙可能是似鸟龙中最像鸵鸟的。大约在7600万年前，也就是晚白垩世，似鸵龙开始出现，它以强健有力的腿行走在加拿大的平原上。它的前肢上有3个有爪的手指，可能用全部手指去抓东西，就像你用手一样。它长长的脖子上

速度有多快？对于似鸵龙来说，它的速度可能能达到每小时48千米！

有人告诉过你恐龙还没有灭绝吗？这并不仅仅是一厢情愿的想法，而是事实！恐龙仍然生活在我们中间，只是已经演化成了鸟类。鸟类凭借1.5亿年前演化出来的特性，成为唯一在大灭绝中幸存下来的恐龙。

你可能很想知道，鸟类和恐龙之间到底是什么关系？故事要从肉食性的兽脚类恐龙开始。大约1.6亿年前，鸟类从兽脚类恐龙的一个特殊的分支——近鸟类中分离出来。早在侏罗纪早期，鸟类们的祖先就已经开始发育出各种性状，比如叉骨。但渐渐地，它们演化出更多特征，它们变得越来越小、越来越轻；长牙的嘴变成了没有牙齿的喙；胳膊和手臂变成了翅膀；用于奔跑的脚变成了能抓握的爪子。最后，它们羽毛的功能不仅仅是保暖，而是可以用来滑翔和飞翔。

没错，鸸鹋也是恐龙。

我们怎么知道这些知识的呢？那是因为化石记录向我们展示了一条鸟类的演化线，从长有羽毛、不会飞的恐爪龙到长有羽毛、会滑翔的始祖鸟，再到目前在地球上飞行的1万多种鸟类。研究表明，与史前兽脚类祖先最相似的现生鸟类是鸡和火鸡。

19世纪60年代，生物学家托马斯·亨利·赫胥黎首次提出了鸟类是恐龙的假说。近160年来，该假说备受科学界的关注。

有尖尖的喙，用来咬碎灌木、水果、坚果和吞食小动物。这种生物的喙上没有牙齿，但是一些早期的似鸟龙有牙齿，数量从少量到230颗不等。

恐手龙生活的时期要比发现于今日蒙古的似鸵龙稍晚一点。起初，这种"有着可怕的手的蜥蜴"唯一被发现的化石是大约2.4米长的手臂。但是后来发现的化石帮助科学家更好地了解到恐手龙的其他特征。它的背部有一个圆形隆起，后腿很短，还有一张带着鸭嘴的脸。科学家们还认为恐手龙可能像你看到的在海滩上四处奔跑的小鸟一样，在地面上奔跑，除了吃植物外可能还吃鱼。

当你看到艺术家们画出的恐手龙时，你会发现似鸟龙类和暴龙类是如何联系在一起的。它们属于同一个演化支，这意味着它们有共同的祖先。这只身长11米、体重5443千克、巨大的有羽毛的动物是与暴龙一起争夺"最大兽脚类恐龙"头衔的有力竞争者。

伶盗龙用它的60颗牙齿撕碎了肉。

驰龙类是似鸟恐龙的另一个分支。犹他盗龙是最大的驰龙类，有4个翅膀的小盗龙是最小的驰龙类。恐爪龙也是驰龙类，一些科学家认为这是迄今发现的最重要的恐龙化石。在1960年恐爪龙被发现时，科学家们意识到之前对恐龙的许多假设都是不正确的。首先，他们知道了恐龙不一定移动得很慢，有些恐龙能很快追上猎物。其次，科学家发现了驰龙类和鸟类之间的紧密联系，包括它们脖子的形状，头骨上的大眼睛，长长的手臂和爪子。

恐爪龙的名字意为"可怕的爪子"，它的手指上确实长有一些可怕的镰刀状爪子，脚的第二趾上也长有"杀戮爪"。这些对于捕食猎物或者是增加稳定性都是很有用的。毋庸置疑，恐爪龙是一个强大的掠食者，就像它所在的演化谱系分支上的其他成员一样。它也可能是社群型的动物，科学家们认为它们成群生活和捕猎，像狮子一样伏击猎物。

另一种重要的驰龙类是伶盗龙，它的化石是在现在的蒙古发现的，它的出现比恐爪龙晚了4000万年。伶盗龙的体型略小一点，长长的颌部长有近60颗锋利的、锯齿状的、互相咬合的牙齿。在白垩纪，有大量的肉类可供其食用，如昆虫、青蛙、小恐龙、爬行类、哺乳动物和翼龙——基本你能想到的所有其他动物都会成为它的盘中美餐。尽管它不会飞，但长有羽毛，羽毛可能用来保暖，吸引配偶，甚至是保护自己的蛋。

伶盗龙是著名化石"搏斗中的恐龙"的组成部分。1971年，古生物学家在蒙古戈壁中部地区挖出了一具伶盗龙化石。不同寻常

科学家们认为**恐爪龙**成群生活和捕猎，像狮子一样**伏击猎物。**

的是，它的一只用于杀戮的爪子卡在了原角龙的脖子里。原角龙本来用于咀嚼植物的牙齿深深地嵌入伶盗龙的前肢。这一意外的发现令人惊讶不已。但是科学家们认为这并没有展示出白垩纪生物的正常生活片段。为什么？因为绵羊大小的原角龙可能太大了，不是伶盗龙的正常猎物。科学家们认为伶盗龙可能是因为绝望和饥饿才发动攻击，或者也可能是因为这是一个年轻而鲁莽的幼龙，在测试自己能力的极限！

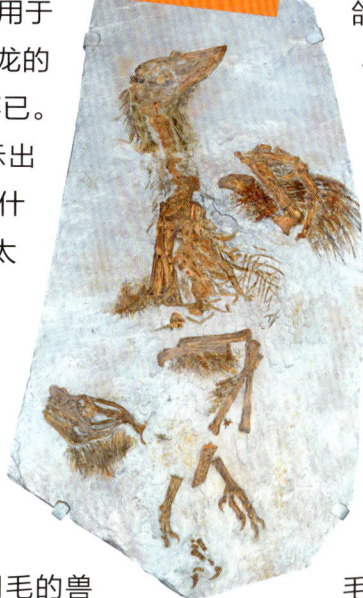

孔子鸟是白垩纪另一种有羽毛的兽脚类恐龙，但它属于鸟翼类的演化分支，鸟翼类包括今天在天空中飞来飞去的鸟儿。0.3米长、和鸟一般的孔子鸟有着又厚又尖的嘴喙，翅膀和羽毛的形态很适合飞行。但这可能是笨拙的飞行，它的肩膀不足以支持它在空中优雅飞行，胸肌也不够结实。雄性的尾巴后面有两根长长的羽毛。生活在大约1.25亿年前的孔子鸟在中国的一个史前湖泊周围留下了非常多的化石，以至于科学家们认为它们一定是成群结队地聚集在一起的。

很难相信这些似鸟动物和暴龙有关，但它们一开始都属于蜥臀目恐龙和肉食性兽脚类恐龙，它们都长有羽毛。

白垩纪早期的羽暴龙长有羽毛。羽暴龙生活在距今1.25亿年前，是白垩纪晚期暴龙的近亲。这个发现有助于科学家们思考暴龙是否也长有羽毛（简单的回答是：也许有羽毛）。羽暴龙用两只带鳞、带爪的脚站立，前肢很短，末端有爪子。它有强壮的颌部、锋利的小齿和一条粗尾巴。与暴龙相比，它算是中等体型，体重2268千克，身长9米。但它可能是地球上最大的披羽动物。它身上从头到脚的羽毛都是毛茸茸的，就像刚孵出的小鸡身上的羽毛一样。

随着白垩纪的推进，暴龙类演化成了更庞大、更强壮的动物，它们甚至演化出只有幼鸟才有的羽毛。这意味着，随着年龄的增长，它们可以褪掉羽毛。毛茸茸的暴龙宝宝？这是可能的（是不是很可爱？）。但是科学家们还不

能确定 2014 年在中国南部发现的一种全新的暴龙是否有羽毛，这种暴龙是由美国国家地理探险家史蒂夫·布鲁萨特研究并命名的！它有一个绰号：皮诺曹暴龙——是的，它的鼻子很长！

虔州龙与暴龙生活在同一时期，但是它们之间对食物没有竞争关系。暴龙生活在北美洲，虔州龙生活在亚洲。此外，虔州龙的鼻子异乎寻常的长，这意味着它吃的是更小的食物，甚至可能是鱼，因为它的牙齿无法咬穿骨头。它的鼻子上还长着一排不寻常的小角。这一发现促使科学家们对早期挖掘的一些暴龙化石进行重新思考。科学家们曾经认为，那些被称为分支龙的暴龙的长鼻子在成年后会变短。现在他们知道了，虔州龙和分支龙属于一种新的长鼻恐龙的演化分支。

暴龙类并不是唯一快速、强壮、食肉的肉食性恐龙，阿贝力龙类也是如此。暴龙生活在北部大陆，但阿贝力龙类却统治着南部大陆——它们的化石在摩洛哥、阿根廷和马达加斯加都有发现。它们在骨骼发育方面也与暴龙类不同。科学家们认为，随着暴龙类的体型变大，它们头上的角凸和其他骨饰会脱落，但阿贝力龙类的"头饰"却随着演化而变得更大更漂亮，不过阿贝力龙类没有发育出更长的前肢。而且，大多数阿贝力龙类的体型都很小。

古生物学家发现的第一个阿贝力龙类是阿贝力龙。它生活在大约 8500 万年前的南美洲，头上没有任何装饰物。玛君龙生活在 7000 万年前的马达加斯加，脑袋上只有一个易碎的小角，根本无法用于搏斗，但同时它却有一个特别厚的头骨。

"蜥蜴之王"胜王龙发现于印度，生活在距今约 7000 万年前。它的头顶（也就是鼻子上方）有一个小角。来自阿根廷的食肉牛龙是胜王龙的远亲，它的眼睛上长着更大、更厚、看起来更厉害的角，全身布满了多刺的皮内成骨。

食肉牛龙全身都有皮内成骨。

这些肉食性恐龙足以与巨龙类抗衡。事实上，和阿贝力龙一样，阿贝力龙类也是萨尔塔龙的主要天敌。好吧，只有 12.2 米长、6350 千克重的萨尔塔龙不是巨龙类中个头最大的。但是对 7.3 米长、1451 千克重的阿贝力龙来说，萨尔塔龙肯定够它吃了。虽然我们推断阿贝力龙会偶尔捕食萨尔塔龙，但它可能对那些最大的巨龙类没办法，它们太大了，阿贝力龙根本吃不下。

有一种假说认为，巨龙类之所以演化成了越来越庞大的动物，是由于它们的敌人兽脚类恐龙也越来越大。如果它们这样做是为了生存，那它们已经成功了！其他蜥脚类恐龙，譬如梁龙类和腕龙类，可能在白垩纪末期之前就灭绝了。但是，巨龙类却一直繁衍

巨龙类可以剥下树皮，或者把树枝整个儿吞下。

一大群阿根廷龙。

到了最后。它们的化石几乎在每一个大陆上都有发现。巨龙类没有天敌，这使得巨龙类成为蜥脚类中种类最多、寿命最长的恐龙。巨龙类的体型范围从37.2米长、77111千克重，到7.3米长、1542千克重都有分布。有些恐龙有较短的腿和正常尺寸的脖子，另一些恐龙的脖子很细，比身体长很多；还有一些恐龙的嘴巴呈鸭嘴状。因为巨龙类太大了，需要吃很多的植物来维持一天的活动，所以它们在演化过程中不断地以不同的方式吃更多不同的食物。它们可以触碰到高处或低处的叶子或球果，可以剥下树皮或把树枝整根吞下。我们现在之所以知道白垩纪有草，在一定程度上要归功于巨龙类，因为巨龙类的粪便化石中含有几种草。科学家曾经认为，草是直到新生代才出现的。

鸭嘴龙类的头骨。

当巨龙类用4条又短又重的腿和像奥特曼一样丰满的脚笨拙地行走时，另一群重要的白垩纪植食性动物却用两条腿行走，它们的脚看起来就像骆驼的脚。这就是鸭嘴龙类，也就是长着鸭嘴的恐龙。鸭嘴龙类的喙的结构是很复杂的，有专门用来磨碎难以消化的纤维植物的超强牙齿。这些牙齿磨合得越多，磨损越厉害，形状也会随之改变，变得更有利于咀嚼。还有数百颗牙齿会不断地长出来更替旧牙。

大约有一半的鸭嘴龙类只是"普通的"鸭嘴龙亚科，而另一半鸭嘴龙类的头骨上则长有脊冠，后者被称为赖氏龙亚科。它们的脊冠非常壮观，上面有或小或大的隆起，有

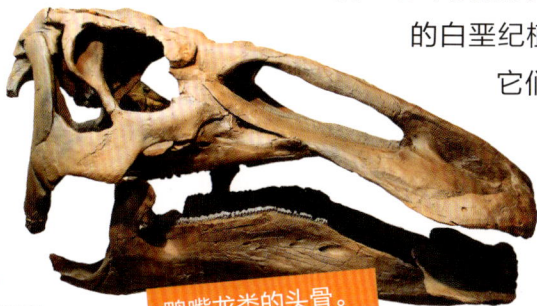

最北端的恐龙：古植食龙。

副栉龙头上的骨饰可能是用来发声的。

像独角兽一样的角，有宽宽的骨饰、翼状物以及长棘。这些脊冠可不仅仅是为了炫耀。事实上，科学家认为它们有一个非常特殊的功能：发出声音！这是因为这些恐龙的鼻腔和头上的脊冠蜿蜒相连。这个构造能让赖氏龙类发出低沉响亮的振动声。这种声音究竟是为了警告同类有掠食者来袭，还是为了和群体里的其他恐龙交流？或是为了吸引可爱的赖氏龙妹妹？科学家们仍在研究之中。

慈母龙是生活在白垩纪晚期的一种鸭嘴龙亚科，它名字的含义是"好蜥蜴妈妈"。体长9米的慈母龙是最大的一种鸭嘴龙类，但它的长相十分平庸。它的头上没有大大的脊冠，也没有骨饰，是一种典型的鸭嘴龙亚科。慈母龙最终灭绝了，这给它的另一种鸭嘴龙亚科近亲埃德蒙顿龙留下了驰骋北美的机会。2015年，古生物学家宣布，他们在美国阿拉斯加发现了一种新的鸭嘴龙，名为古植食龙。这种恐龙目前是一项世界纪录的保持者：生活在最北端的恐龙。

副栉龙是一种典型的赖氏龙亚科恐龙，它有着最奇特的头饰。它鼻子上的骨饰融合在一起，向后延伸过头顶，这可能是鸭嘴龙的脊冠用来发声的最好例子了。它的气管一直延伸到头顶，有点像喇叭，可能发出的声音也很像喇叭吧？

科学家们并不知道另一种有着奇特脑袋的恐龙——肿头龙类——会发出什么声音。这些白垩纪晚期的恐龙的头骨有些厚达40.6厘米，这是古生物学家在其他恐龙身上发现的头骨的厚度的20倍。科学家们将其中一种肿头龙类命名为结头龙，意思是"大笨蛋"。

肿头龙类的厚头骨有什么作用呢？最主要的一种假说是，它会用头部去撞击其他恐龙。随着肿头龙类的演变，这个特征变得越来越明显，因为迄今为止发现的最早的、距今7600万年的饰头龙只有一个略厚的头部，而距今6600万~7000万年前的肿头龙却有一个厚达 20~25 厘米的圆头顶——像一顶头盔一样扣在头顶。而且头盔还被短而尖的角环绕着，向下延伸到它的鼻子。

体长只有 4.6 米的肿头龙还有一个很酷的特征：牙齿。肿头龙的一些牙齿是典型的食叶型牙齿，藏在嘴喙之后。但肿头龙的颊部还有其他形态的牙齿，这可能有助于它磨碎坚果和水果等食物。

白垩纪早期以后，角龙类的头部开始往外伸展。7500 万年前，原角龙身高 2.4 米，体重 83 千克，双颊长着小角，后脑勺上长着巨大的颈盾。重达 4 吨（3.6 吨）的厚鼻龙生活在 7300 万 ~6900 万年前的北美洲，后脑勺上也有一个大颈盾。但更让人印象深刻的是，它有一根巨大的角，罩住了鼻子的末端，鼻子后面也长着一个大角，罩住了眼后区域。

冥河龙（左）的头饰比其他肿头龙类要朴素。

它的近亲是"长有尖刺的蜥蜴"——戟龙。这是一种巨大的角龙类，它的颈盾边缘有精致的角，被称为顶角。戟龙也有一个很大的鼻角，看起来就像一只史前犀牛。

科学家们认为，角龙类的头饰是用来吸引配偶和恐吓对手的，但他们不确定为什么角龙类与其他物种会如此的不同。关于这种差异最有趣的假说之一是，不同的颈盾和角能让戟龙之间分辨彼此，也帮助它们分辨出其他角龙类，比如不属于同族的原角龙。随着古生物学家们不断地发现新的角龙类以及肿头龙类和鸭嘴龙类的化石，他们将能够逐渐拼凑出更多的答案。

恐龙的声音

副栉龙可能通过头饰发出像喇叭一样的声音，那么其他恐龙的叫声听起来像什么？在电影中，恐龙通常会吼叫。但是根据一项新的研究表明，它们的叫声听起来可能更像鳄鱼叫和鸟叫声的混合。

它们可能发出的声音被称为闭口发声，鸽子这样的鸟也会发出这样的声音，它们是通过将空气压入食道的囊中来发声的。鳄鱼也能做到这一点，而且效果更好。恐龙的声音可能是拥有这种发声方式的动物中声音最大的。恐龙的声音听起来最像哪种鸟？科学家们猜测是鸟类中体形最大的成员——鸵鸟。

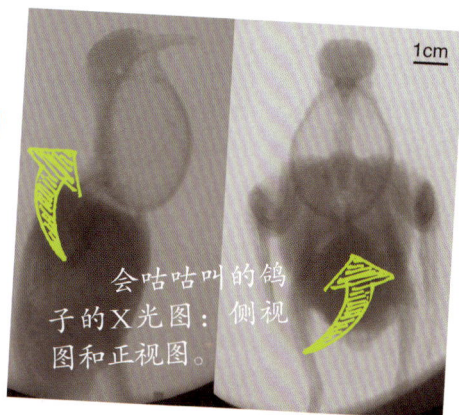

会咕咕叫的鸽子的X光图：侧视图和正视图。

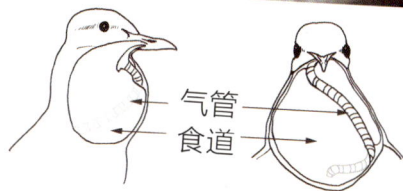

气管
食道

深入了解

恐龙足迹

对于古生物学家来说, 恐龙足迹对于我们确定恐龙曾经在地球上的哪些地方生活、游荡是非常重要的线索。

使用右边的野外指南,看看你是否能在下面的照片中辨认出各种恐龙的足迹。然后用你对恐龙的了解来创造一个故事:这些恐龙是肉食性恐龙还是植食性恐龙?它们都是成年个体吗?你觉得它们有多大?为什么它们都来到这个特定的区域?它们是同时在这里生活的吗?

在另一张纸上画出你的故事场景,研究在场景中可能存在的其他动物和植物,并将它们添加到你的作品中,就像一个真正的古代艺术家会做的那样!

1. 德国穆胥哈根恐龙公园

2. 恐龙岭,美国科罗拉多州

3. 美国犹他州锡安国家公园莫纳韦组

恐龙足迹指南

异特龙

双脊龙

恐爪龙

禽龙

暴龙

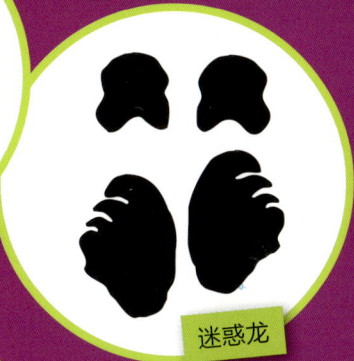

迷惑龙

三角龙

梁龙

剑龙

伶盗龙

甲龙

似鸡龙

答案：1.研究人员认为这些足迹是梁龙留下的；2.有两种恐龙足迹：禽龙和似鸡龙；3.研究人员认为这些痕迹来自于双脊龙。

59

第三章
恐龙的生活

三角龙活跃于白垩纪晚期。

美丽的斯凯岛是苏格兰海岸一处迷人的绿色乡村，

那里有高耸的山脉和堆积着泥炭的溪流。

史蒂夫·布鲁萨特

它也是世界上发现侏罗纪中期化石的最佳地点之一。

2015 年，我去了斯凯岛上最东北边的一个地方，靠近一座废弃的城堡。那是我的一位地质学家朋友绘制岩层剖面的地方。朋友在那里发现了一块小骨头，我能看到它有牙槽。这块化石其实是一块小型鳄类的颌骨，这条小型鳄类的体型和小型犬相当，曾经在 1.7 亿年前的泻湖里四处游动。看到这块颌骨后，我就在想，不行，我得去一次，去看看还有没有更多的化石！

我没有找到更多的鳄鱼骨头，但我发现了鱼骨和鲨鱼牙齿。有一天，我和我的学生跪在地上好几个小时，一直在收集牙齿。太阳开始落山了，天气越来越冷，风也越来越大。该是收工的时候了。

学生们收拾好行李，上了车。我和另一位古生物学家汤姆·查兰兹收拾好行装，走过海岸平地。

就在那时，我们在岩石上看到了这些奇怪的、轮胎大小的圆形凹陷。我们仔细看了看，发现它们并不完全是圆形的，中间有一些像脚趾一样的印痕。有些凹陷是成对的，有大有小，那时我们才发现它们是恐龙的足迹——不仅仅是恐龙，而且是所有恐龙中最大的——蜥脚类恐龙的足迹。它们的足迹很多，简直无处不在！

接下来的几天里，我和学生们一起绘制了这个地区的足迹分布图。我们在泻湖和浅水区的岩层中发现了三层蜥脚类恐龙的足迹。这很不寻常，它完全打破了我对蜥脚类恐龙的印象：它们在内陆轰鸣而过，庞大的身躯让大地为之颤抖，扬起滚滚尘烟。可它们也会生活在海边。这是为什么呢？海边有很多食物吗？还是为了躲避掠食者呢？

答案很难确定，但这个发现最棒的一点是，这是在苏格兰发现的第一批蜥脚类恐龙的足迹，正因为如此，我们知道它们在不同的生存环境中都占据绝对优势。

苏格兰的蜥脚类恐龙足迹。

史蒂夫发现的小型化石，和斯凯岛上的恐龙足迹在同一个地层。

我们在岩石上看到了这些**奇怪的**、**轮胎大小的**圆形**凹陷**。

史蒂夫（右）和他的同事汤姆·查兰兹被一对足迹包围。

足迹。

当一只
恐龙
是什么感觉?

从表面上看,恐龙似乎和你没有什么共同之处。它们不是哺乳动物,它们不必打扫卧室,它们,嗯,大部分都绝灭了。但是当它们活着的时候,它们必须遵循一些适用于所有动物的生存规则。

刮痕,可能是恐龙跳求偶舞时形成的。

任何物种为了生存下去,都必须交配和生育,幼体同样必须尽可能长大并重复这一过程。这也是恐龙生活中的一个规律。

恐龙的父母

假设你是一只恐龙,想告诉另一只可爱的恐龙你是单身。你会如何传达这个信息呢?你没法送花,也不能发短信。新的证据表明,一些恐龙为了给雌性留下深刻印象会去跳舞,雄性恐龙可能会在周围蹦蹦跳跳,用脚挖土。这就留下了很深的、看起来很奇怪的痕迹,叫作刮痕。科学家在美国西部的科罗拉多州和其他恐龙遗址都发现了这种类型的标记。这些痕迹看起来很像鸟类为了给雌性留下深刻印象而在巢中留下的痕

兽脚类恐龙的求偶舞可能是这个样子的。

迹——只不过它们太大了。有些石化的刮痕有浴缸那么大。

但恐龙向潜在配偶炫耀的方式可能不止这一种。像蛇发女怪龙和中华盗龙这样的雄性兽脚类肉食性恐龙可能会咬其他雄性恐龙的脸,向潜在的女朋友展示谁才是最大最强壮的,值得做它孩子的爸爸。雄性三角龙可能会像鹿或羚羊用角来角力,以吸引自己钟意的雌性。其他的恐龙也有一些不同寻常的生理特征,而这些特征又不够坚固或实用,不足以自卫或捕食。所以科学家推测,这些特征与交配行为有关,比如鸭嘴龙那又大又精致的冠,其中一些可能色彩鲜艳,引人注目,这会让它们看起来体型更大,更有吸引力。

这些三角龙是为了取悦雌性而打架的吗？

剑龙背部的骨板和尾巴上的尖刺可能也可以在求爱的中进行展示，角龙类的头饰和尾饰可能也有类似的用途。一些有羽毛的恐龙有长长的、颜色艳丽的尾羽，它们可能会向"心上人"摆动尾羽。

但真正重要的问题是，究竟是谁向谁炫耀？科学家们认为应该是雄性对雌性炫耀。在我们所知的大多数动物中，雄性通常更为艳丽。例如，我们知道，现生动物中的雄性有时体型更大，或者外观更多彩。但正如我们在现生物种中看到的，情况并非总是如此。

古生物学家试图弄清楚恐龙生活的每一个细节，但问题是，我们没有足够的、完整的每个物种的化石供研究，科学家

这些青岛龙身上的脊冠可能是用来吸引配偶的。

65

雄性剑龙可能有高高的背部骨饰。

无法确定头冠更大或尾羽最长的恐龙究竟是雄性还是雌性。不过，科学家还是一点一点地拼凑出了一些线索。

2005年，研究人员报道了在美国蒙大拿州发现的暴龙标本，其股骨中含有一种特殊的物质，叫作髓质骨，这种物质只存在于雌鸟身上。这意味着这具暴龙标本是雌性的。髓质骨中含有大量的钙，雌鸟用它来制造蛋壳。从那以后，科学家们在异特龙和腱龙的标本中也发现了髓质骨，同时科学家们也在其他恐龙物种中积极寻找髓质骨。既然现在知道要寻找的是什么，科学家们希望能解开更多恐龙的性别之谜。

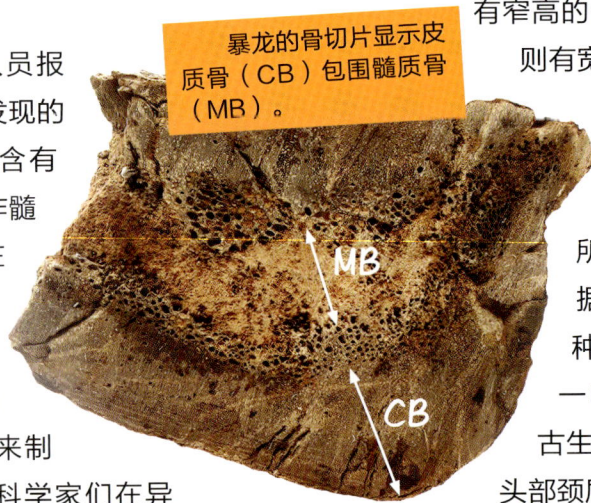

暴龙的骨切片显示皮质骨（CB）包围髓质骨（MB）。

MB

CB

另一条线索来自剑龙。科学家们曾经认为剑龙有两种不同的种类：一种剑龙的背部有窄高的骨板，另一种剑龙的背部则有宽大的骨板。但在2015年，科学家们意识到，除了那些骨板以外，剑龙的其他骨骼都是一样的。所以科学家们进行了有根据的猜测：雌性剑龙有一种骨板，而雄性剑龙有另外一种骨板。2016年，英国古生物学家发现成年原角龙的头部颈盾比幼年个体大。这说明，当它们到了交配年龄时，它们的颈盾就会增大。这意味着这些颈盾很可能是用来吸引异性的。但是谁有更大的颈盾——雄性还是雌性？科学家们还没有解决这个问题。

一位慈母龙妈妈喂养它的孩子。

开始生活

所有的恐龙都是从蛋开始发育的，雌性恐龙们成群地在巢中产蛋。不同恐龙的巢穴也各不相同，恐龙越大，巢穴就越大。最大的恐龙会产下 20 个或更多的蛋。一窝蛋有时呈圆形排列，有时呈直线排列。如果恐龙太大了，无法坐着孵蛋，它们可能会在蛋上覆盖苔藓、树叶和树枝来保温，直到幼龙孵化出来。

有些恐龙会年复一年地回到同一个巢穴产卵。虽然体型太大，不能坐在巢穴里，但是它们会在巢穴附近休息，以保护蛋免受肉食性哺乳动物——比如慈母龙和蛇的伤害。它们还会在小恐龙孵化后为小恐龙带来食物。

科学家们已经知道的一件事，是恐龙蛋孵化所需要的时间。他们是怎么知道的？恐龙胚胎！这是什么？这是在恐龙蛋化石里面发现的恐龙幼龙化石。

研究人员对重85克的原角龙蛋化石和重4.1千克的亚冠龙蛋化石中的胚胎进行了研究。他们最感兴趣的是胚胎的牙齿。结果发现，牙齿上的生长纹就像树干的年轮。这些线条可以让科学家计算出胚胎的年龄。有了这些信息，科学家们就可以估算出离胚胎孵化还有多少时间。原角龙蛋的孵化时间是3个月，篮球大小的亚冠龙蛋的孵化时间是6个月。

原角龙从一窝蛋中孵化出来。

胁空鸟龙（RAHONA-VIS）把掠食龙当作栖木。

一只饥饿的掠食龙在一窝玛君龙宝宝附近进食。

其他大型恐龙，比如巨龙类，可能不会乖乖等待蛋孵化。掠食龙幼年个体化石显示，这些重 3.4 千克的小家伙孵出来的时候，看起来很像重达 16783 千克的成年掠食龙的缩小版——它们的头部、身体和四肢的比例都和成年掠食龙一样。这意味着，它们一出生就做好了自食其力的准备。对于一些肉食性的非鸟兽脚类恐龙来说，情况可能也是如此，即使是新生宝宝，也拥有巨大的牙齿和爪子，来帮助它们独立生存。

一些较小的恐龙，如窃蛋龙、伤齿龙和恐爪龙，更有可能坐在蛋上为蛋保暖。它们会用自己的羽毛盖住巢穴，有时会把翅膀盖在上面。也可能一些雄性恐龙（比如伤齿龙）会与雌性恐龙共同承担这一职责，就像现今的某些鸟类一样。

科学家们发现的一些证据表明，慈母龙的父母也会共同照顾它们的孩子——不仅保护它们，还会给它们带来食物，可能还教它们如何觅食。有些种类的恐龙，比如鹦鹉嘴龙，可能由十几岁的恐龙保姆来照顾族群中的一大群幼龙。有些类型的植食性恐龙，年轻的恐龙是群居的，称为"小龙群"，比如兽脚类的铸镰龙、角龙类的原角龙和甲龙类的绘龙。

野外生存

恐龙出生后如何生活，这在很大程度上取决于它是哪一种恐龙。恐龙之间的差异太大了。许多植食性恐龙似乎是群居的。古生物学家已经发现了同一物种的许多成员一起行走的痕迹，还发现了含有同一物种不同年

小型肉食性动物，如伶盗龙，可能是成群捕猎的。

蜥脚类恐龙为了安全而选择群居。

龄段成员的化石骨床。如果它们是集体死亡的，那么它们肯定也是集体生活的。

对被捕食的物种来说，聚在一起是一种安全策略。由于掠食者就在周围伺机而动，因此，群居会增加它们的生存机会。有许多双眼睛一起来提防袭击，是绝对值得的！

体型较小的肉食性恐龙也可能是群居的，它们聚集在一起是为了更有效地捕猎。例如，一群 2.7 米长的恐爪龙可以一起杀死一只比自己体型大得多的蜥脚类恐龙。还有些恐龙

可能作为夫妻生活在一起，养育它们的孩子，一同进食，一同保卫领地。各个年龄段的恐龙都很享受彼此的陪伴。2015年，科学家们在德国的海滩上发现了一些足迹，他们称之为"巨齿龙足迹"（没错，足迹有自己的名字！）。从足迹上可以看出，两只两足行走、中等体型的肉食性恐龙正在愉快地散步。一只年轻，一只年长——也许是父母和孩子。这表明，即使一些恐龙没有集群生活，它们彼此之间也有社交，也会相互陪伴。

成群的恐龙

在大多数情况下，恐龙长得相当快。部分原因是它们中的一些不得不一出生就自己照顾自己。古生物学家发现，恐龙在2岁（小型鹦鹉嘴龙）到20岁（大型暴龙）之间的任何年龄，都可以达到完全成年的体型和性成熟。

由于恐龙大多生长得很快，而且鸟类和恐龙一样，可以告诉我们很多关于它们已经灭绝的近亲的信息，科学家们开始研究恐龙到底是冷血的，还是温血的。

由于恐龙是爬行动物，科学家认为这意味着它们部分属于冷血动物。蜥蜴、蛇、鱼和青蛙都是冷血动物，它们主要通过晒太阳或在温暖的岩石上伸展身体来取暖。

人类、狗、老鼠和鸟类等都是哺乳动物，哺乳动物依靠身体内部产生热量，并通过能够绝缘的外皮保温——羽毛、毛发和皮毛都是有效的隔热材料。由于热量转化为能量，所以冷血动物只能储存足够的热量来供短时间内活动，但恒温动物自身可以产生热量，所以它们几乎随时可以行动。

恒温动物还能比冷血动物更快长到成年体型，更快地消化食物。

为了研究这个问题，科学家们分析了中生代的土壤，估算出了在中生代的1.65亿年间不同时期的环境温度。他们还对恐龙蛋壳

科学家曾经认为恐龙是冷血动物，就像圭亚那闪光蜥一样。

恐龙可能是中温动物，就像鲨鱼一样。

进行了分析，计算出产蛋的恐龙的体温。科学家们发现，恐龙既不是恒温动物，也不是冷血动物，而是介乎于两者之间的一种动物：中温动物。

另一项研究发现，恐龙的温度调节与大白鲨非常相似。大白鲨大多是冷血动物，但当它们需要追捕猎物或逃离危险环境时，肌肉的活动会使血液升温，从而使身体的能量爆发。而且，大白鲨还能够把产生的热量和能量保持一段时间，只是无法像人类那样长期保持体温。但是，鲨鱼并不需要一直保持温暖，或许恐龙也不需要。

恐龙的另一个通常无法见到的部分是它们的大脑。这是因为大脑像肌肉一样，这类器官比如心脏、肝脏和肠道都是由软组织构成的。与骨骼不同的是，软组织会分解或腐烂，无法形成化石。因此，要了解大脑，科学家通常必须研究恐龙头骨化石中的脑腔。长久以来，科学家们一直认为这些脑腔非常小。一个核桃大小的大脑怎么能控制一只汽车大小的恐龙呢？

在 19 世纪，一些科学家认为像圆顶龙和剑龙这样的大型恐龙有两个大脑，一个在脑袋里，另一个在臀部。毕竟，脑袋里的脑腔太小了！在臀部，一些大型恐龙还有一个更大的空腔。如果它们有第二个大脑呢？（科学家们礼貌地称之为后脑腔。）第二个大脑可以控制恐龙的整个下半身，科学家们认为第二个大脑可以很好地解释恐龙是如何工作的。但事实证明，臀部的部分根本不是大脑，而是神经束，恐龙只有一个大脑。尽管恐龙的大脑有时非常小，但足够让恐龙

较小的大脑通常存在于冷血动物中，比如圆顶龙。

更大的大脑通常存在于恒温动物中，比如伤齿龙。

生存和繁衍。

然而，一个庞大的身体里有一个很小的大脑有一个问题。大身体会产生大量的热量，大型肉食性恐龙是如何控制体温以防止大脑温度过高的呢？科学家认为它们有一个特殊的冷却系统。它们的循环系统将血液和氧气输送到全身，在热量到达大脑并将大脑烤热之前，它们可能已经将热量释放了出去。毕竟，恐龙有非常基本的需求：进食、交配和保护自己。要做到这一点，它们主要依靠自己的感官。在研究肉食性恐龙的脑腔时，科学家们注意到它们的嗅叶非常大。这使得暴龙和其他兽脚类恐龙拥有超强的嗅觉，这样它们就能定位猎物。肉食性恐龙的听觉和视觉也

迷惑龙的牙齿是用来切下植物的。

相当好，这些也可以帮助它们找到猎物。总而言之，肉食性恐龙拥有恐龙中最大的大脑，而伤齿龙和伶盗龙这样体型较小的兽脚类恐龙是最聪明的。

大型肉食性恐龙有很好的嗅觉，小型植食性恐龙有很好的视力，这是因为小型植食性恐龙特别容易受到肉食性恐龙的攻击，所以需要良好的视力来发现天敌。天敌可能也需要好视力才能在黑暗中寻找猎物。植食性恐龙的脑壳显示，这些恐龙的眼窝很大，可以用来容纳一双善于看到四面八方的眼睛。

古生物学家也研究恐龙的牙齿，这为他们了解这些生物是如何生存的提供了重要的线索。有些恐龙长着很多牙齿。牙齿主要由两种坚硬的材料形成，分别是牙本质和牙釉质。正因为如此，它们很容易变成

比较暴龙（最左边）的牙齿和圆顶龙（最右边）的牙齿。

化石。对于某些恐龙物种，古生物学家只发现了它们的牙齿。牙齿是最重要的恐龙化石之一，可以告诉我们很多动物是如何撕咬和咀嚼食物的。

牙齿可以告诉我们恐龙是吃肉、吃鱼，还是植食性动物或杂食动物。牙齿还可以告诉我们，恐龙是吃低矮的食物，还是啃高一点的树梢上的食物，是咀嚼食物，还是把食物整个儿吞下去。它们能告诉我们恐龙生活在什么样的栖息地，那里有什么样的食物。还可以告诉我们恐龙死亡的年龄，以及它们是如何在漫长的时间里演化的。

有些恐龙的颌部只有几颗牙齿，有些则长着许多牙齿；有些恐龙只有一种牙齿，有些恐龙则有好几种牙齿；有些恐龙的牙齿长在嘴的前部，有些恐龙的颌部还有牙齿，有些恐龙甚至连颊部上也长出了特殊的牙齿。所有这些不同种类的牙齿和牙齿的组合，对恐龙吃东西的

方式和食物种类都有很大的影响。

几乎所有的恐龙都会定期更换牙齿。当牙齿因过度使用而磨损得太厉害时，新牙齿就会挤出牙槽。有些恐龙一生中使用的牙齿达到几千颗之多，这就是古生物学家发现了这么多恐龙牙齿化石的原因之一。

吃肉的恐龙和吃鱼的恐龙

肉食性的兽脚类恐龙颌部的牙齿形状非常特殊。并不是所有的肉食性恐龙都吃同样的东西，或者以同样的方式吃。大多数肉食性恐龙通常有锋利、狭窄、弯曲的牙齿，两边都有锯齿。也就是说，它们像锯子或面包刀一样呈锯齿状。向后弯曲或向内弯曲的牙齿很适合用来攻击猎物，也可以用来切下肉块。许多肉食性恐龙，如异特龙和鲨齿龙，都有锯齿状的牙齿。这些肉食性恐龙的牙齿多达几十颗，每颗牙齿都长达 12.7 厘米甚至更长。

植食性恐龙和杂食性恐龙

当然，植食性恐龙用于进食的结构和肉食性恐龙有非常大的不同，这些差异清楚地展示在它们的脑袋和牙齿上。例如，许多植食性恐龙的脸颊上都有小袋，可以在进食的时候储存食物。与肉食性恐龙相比，植食性恐龙的牙齿种类更多，这使得它们能够研磨、锯或咬掉许多不同种类的植物。有些恐龙的嘴里甚至长着好几种不同的牙齿，这有助于它们充分食用所有类型的植物。

三角龙的磨齿化石。

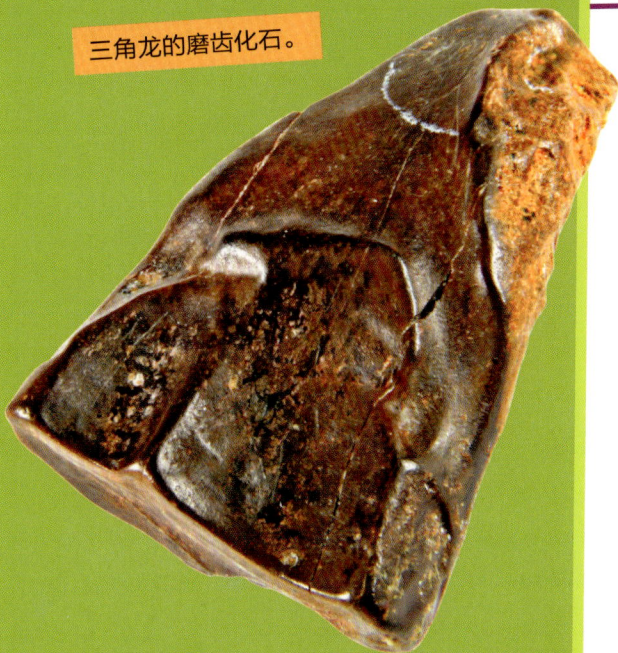

华丽的磨齿

三角龙的牙齿是科学界已知的最复杂的牙齿，由5层组织构成，以防止磨损过快。

畸齿龙有嘴喙，拥有3种牙齿。

证据就在粪便化石里

科学家如何知道恐龙吃了什么？他们跟着证据走！恐龙的牙齿揭示了它们咀嚼的方式和食物类型，我们可以将这些知识与当时的动植物化石记录作比对。此外，尽管非常罕见，古生物学家发现了胃里保存有最后一餐的恐龙化石。2012年，科学家们发现了长有两种毛茸茸羽毛的、生活在白垩纪早期的中华丽羽龙，它们的腹腔中填满了孔子鸟和一种身份不明的驰龙类。

关于恐龙吃了什么的最常见的线索来自它们的粪便化石。有很多这样的化石，但你必须确切地知道你在寻找什么，因为大多数粪便化石看起来像木头形状的岩石。科学家们把粪便化石打开，观察里面的东西。我们在粪便化石发现了各种各样有趣的内容物，比如骨头、肌肉组织、植物、开花植物的叶子、木头碎片和草。唯一棘手的部分是，怎么弄清楚究竟是哪些恐龙排泄出这些已经被消化的食物。

粪便化石显示恐龙吃过什么。

最后的印痕

和恐龙的大脑一样，大多数恐龙的皮肤都是由比骨头更柔软的材料形成的，在形成化石供我们研究之前就已经腐烂了。很长一段时间以来，科学家同为恐龙绘制科学图纸和模型的古生物学家只能研究活着的、尚未灭绝的动物，以便有理有据地猜测恐龙皮肤可能是什么样子。但是我们仍然无法确切地知道自己的猜测是否准确。

幸运的是，对于了解恐龙外表这件事情，也和其内部的骨骼化石一样，还是有一线希望的。多年来，古生物学家们不时地发现一些线索，这些线索表明恐龙的骨骼和肌肉是以不同的方式连接在一起。

科学家可以通过恐龙皮肤留下的印痕来判断恐龙的皮肤是什么样子的。如果恐龙躺倒或摔倒在地上，它的皮肤图案就会被压进身下的软泥里。也许恐龙起身走开了，也许被食腐动物吃掉了。但它在泥里留下了痕迹，泥浆慢慢变成了岩石，这些有花纹的岩石慢慢变成了化石。另一种保存皮肤的方法是使用铸模或印模，两者形成的原理是类似的。在这种的情况下，泥土可能会掉落在恐龙身上，填满恐龙皮肤上的皱纹和褶皱。

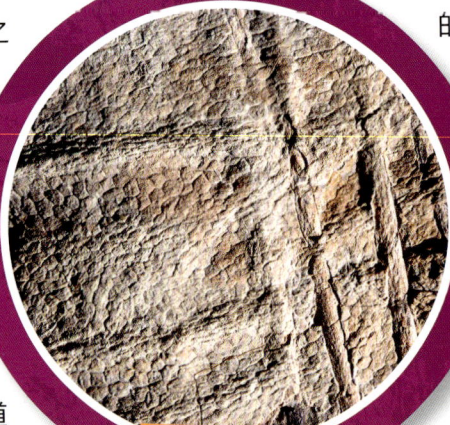

鸭嘴龙类的皮肤印痕化石。

古生物艺术家

为了**拍摄**苏格兰蜥脚类恐龙的足迹，并展示泻湖的样子，我和汤姆·查兰兹与一位伟大的苏格兰艺术家乔恩·赫德合作。他是世界上最优秀的古艺术家之一，不仅为蜥脚类恐龙，也为其他恐龙、动物和植物绘制生活场景图。事实上，他比我更了解侏罗纪的植物，是一位真正的专家。侏罗纪中期的斯凯岛是一个温暖潮湿、郁郁葱葱的岛屿，但也遭受了恶劣的风暴。他把所有这些都融入到画面之中。我们来来回回地反复讨论，这是一个很棒的过程，是科学性和创造性的结合。

在这里，你可以看到他笔下的场景：斯凯岛上糟糕的一天。这是一幅后启示录风格的画作，展现了世界末日之后的画面。一场大风暴刚刚结束，几只蜥脚类恐龙正在四处游荡，它们脚边散落着枯木、树叶和其他东西。它们从风暴中幸存了下来，正在寻找食物。天空中有一些翼龙，它们御风而行，远远地看着岸边鱼的尸体。一只早期的暴龙类看着蜥脚类恐龙，也许它在想："我要下水吗？它们对我来说是否太大了，不太好对付？"

史蒂夫·布鲁萨特

乔恩·赫德笔下的蜥脚类恐龙横跨了整个斯凯岛。

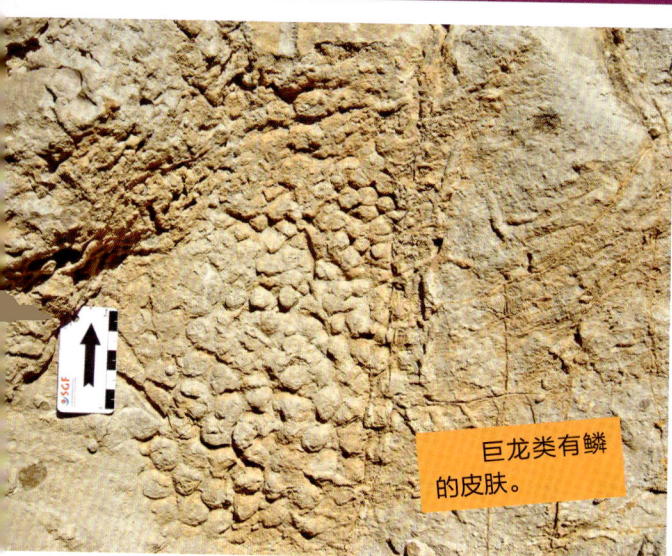

巨龙类有鳞
的皮肤。

甲龙的印痕。

……还有三角龙的

然后，泥土又变成了岩石，皮肤的印痕也变成了化石。

　　根据古生物学家多年来发现的印痕和铸模，他们已经对某些恐龙的皮肤有了深入的了解。现在已知恐龙的皮肤是有鳞的，它们的鳞片通常是相邻挨着的，而不是像鱼类那样彼此重叠。古生物学家还发现，梁龙的鳞片和针头一样小，覆盖在埃德蒙顿龙身上的小鳞片呈卵石状，围绕在它周围的鳞片甚至更小。鹦鹉嘴龙从头到脚都覆盖着不同大小的圆形鳞片。新近发现的一具来自白垩纪晚期、生活在今天西班牙的巨龙的皮肤化石，显示了一种花朵形状的鳞片图案，中心有一个大凸起，周围有五到六个小凸起。萨尔塔龙的皮肤印痕显示，其皮肤上覆盖着一种坚硬但灵活的盔甲，上面有很多骨块。

　　这些鳞片在某种程度上起到了保护作用，可以防止恐龙被昆虫咬伤、被带刺的灌木刺伤，或者被其他饥饿动物的牙齿刺伤。虽然坚硬的皮肤很重要，但它的柔韧性也很重要，那可以让恐龙能够轻松地四处移动。鳞甲的组合模式有助于提升这种灵活性。

　　恐龙的皮肤柔软易腐烂，但甲龙身上的坚硬盔甲是一个例外。覆盖在甲龙身上的甲板和突起是一种皮内成骨，确切地说就是长在皮肤上的骨头。皮内成骨上面还覆盖着一层由角蛋白形成的"盾"，角蛋白是构成我们的指甲和动物角的坚硬物质，坚硬到足以形成化石。科学家们也发现了甲龙的皮肤印痕，这有助于他们了解覆盖着鳞片的皮内成骨在恐龙背上是如何分布排列的。

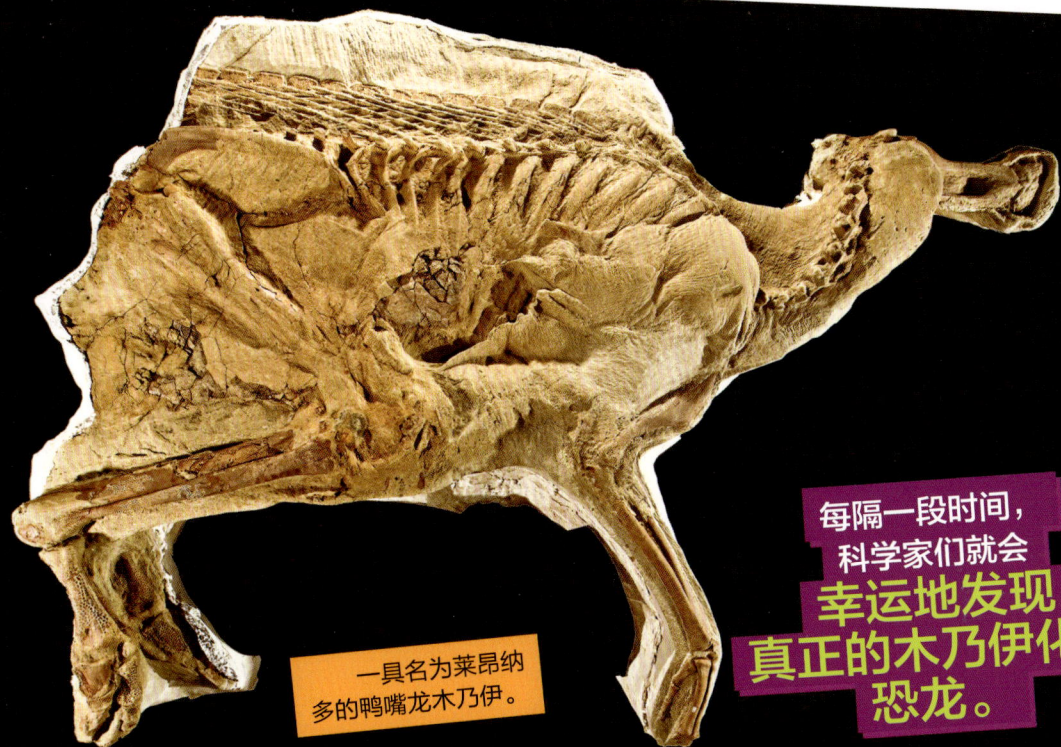

一具名为莱昂纳多的鸭嘴龙木乃伊。

每隔一段时间，科学家们就会**幸运地发现真正的木乃伊化的恐龙。**

每隔一段时间，科学家们就会幸运地发现真正的木乃伊化的恐龙。恐龙的皮肤和其他组织要得到完整的保存，埋藏条件必须恰到好处。这通常意味着环境需要极度干燥，没有氧气，因为水分和氧气会导致物质腐烂。

2001 年，古生物学家在美国蒙大拿州发现了一具几乎完整的鸭嘴龙木乃伊。这具木乃伊的腿部、肋骨、颈部和一只前肢都有皮肤覆盖。多亏了这具被称为莱昂纳多的恐龙木乃伊，古生物学家们再也不用猜测鸭嘴龙的皮肤是什么样子了。现在我们知道了鸭嘴龙的大致外貌。

为什么只是"大致外貌"？因为化石就像一张照片或一幅画的黑白复印件，只显示形状和纹理，而不会告诉你颜色。很长一段时间以来，科学家们认为他们永远无法确定恐龙是什么颜色了。这是因为动物的颜色有时是由黑素体决定的。这是细胞中的小囊，里面含有色素或颜色，主要是由蛋白质构成的。通常动物死后，蛋白质无法留存。但在2010 年，研究人员发现了一种小型兽脚类恐龙化石，保存有尾羽和其他毛茸茸的物质。在尾羽内部，科学家们发现了黑素体的残余，这些黑素体使尾羽呈现出橙色和棕色。研究人员由此得出结论，这种恐龙——中华龙鸟，有一条橙色和棕色条纹相间的尾巴。

到目前为止，科学家在许多不同种类的恐龙的羽毛中发现了白色、黑色、姜黄色、棕色，甚至还有一种带有彩虹般闪光的黑色（称为彩虹色）。但恐龙皮肤上能够告诉科学

中华龙鸟的条纹尾巴。

家皮肤颜色的黑素体仍然缺失。科学家们还是需要根据其他现生动物的颜色来进行猜测。目前，对于恐龙颜色的认知都是关于它的羽毛的。

羽毛记录

令人惊讶的是，竟然有些恐龙是有羽毛的。这和中华龙鸟有很大关系。20世纪90年代，在中国农村一大片裸露的岩石中，科学家们发现了数量颇多的中华龙鸟化石，以及其他一些小型兽脚类恐龙化石——其中许多是完整或接近完整的。令人难以置信的是，它们的羽毛已经变成了化石。在此之前，科学家们只是猜测一些恐龙有羽毛，但并没有找到任何证据。

科学家们挖掘出的恐龙化石证明，好几类恐龙都有羽毛：窃蛋龙类、驰龙类、伤齿龙类，以及更原始的兽脚类恐龙，如美颌龙类。美颌龙类的全身覆盖着一层厚厚的短羽。其他一些标本的头上长着羽冠，前肢和尾巴上长着长长的羽毛，脸上是一层绒毛。短羽和绒毛的作用应该是帮助恐龙保暖，较长的羽毛可能有助于滑翔或飞行，或者也可能用于求偶仪式。

其他一些小发现也给我们的研究带来了帮助。在德国发现的一个保存完好的始祖鸟标本使科学家们能够证明，这种鸟的近亲不仅有翅膀，而且有特殊的、复杂的羽毛。这些羽毛不仅仅是用来保暖的绒毛，羽毛的中心有长长的羽轴，羽尖从羽毛的两侧呈 v 字形伸出，这与飞羽有很多的共同之处。其他

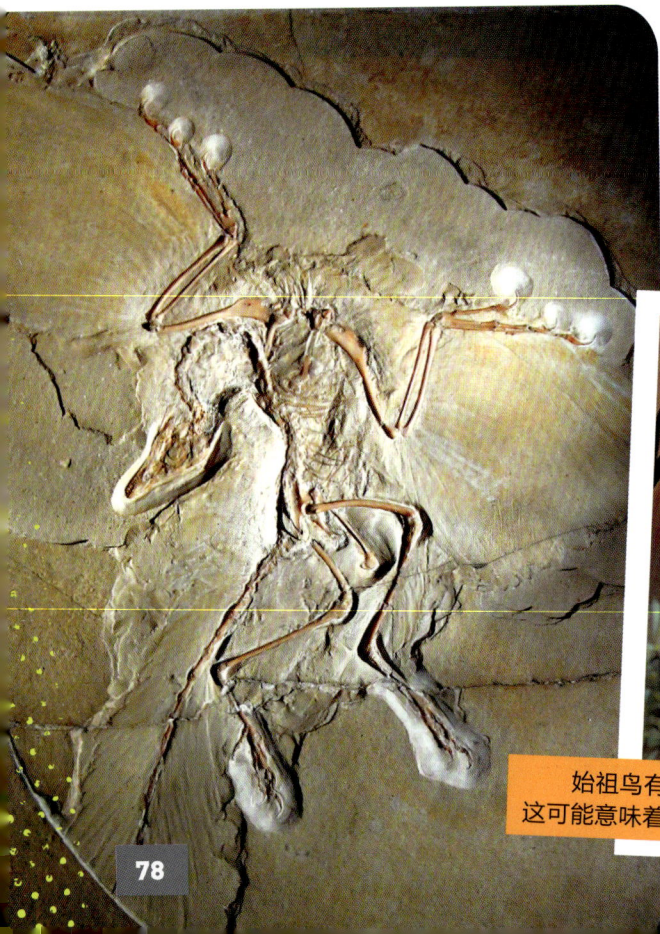

始祖鸟有特殊的羽毛，这可能意味着它会飞。

化石也显示了羽毛的特征以及潜在的用途。有些暴龙类全身都是羽毛状的细丝。有些似鸟龙类身上长着绒毛，手臂上还有长长的羽毛。科学家还没有找到伶盗龙的羽毛或羽毛印痕，但是他们在伶盗龙的臂骨中发现了羽茎瘤，可将羽毛固定在身体上——这也证明恐龙有羽毛，即使我们还没有发现它们的羽毛。有些科学家认为所有的恐龙都可能长着这样或那样的毛。

羽毛可能使始祖鸟免受寒冷侵袭。

追踪恐龙

化石碎片并不是恐龙留下的唯一可见的痕迹。想想当你在雪地、湿沙或泥泞中行走时，你是如何用你的双脚留下足迹的?

我们知道伶盗龙有羽毛，因为它有羽茎瘤。

恐龙就是这样在地球表面留下足迹的。这些足迹是由所谓的痕迹化石构成的，看起来可能只是地面上的一些形状奇怪的洞，但它们是恐龙在地球上如何生活的重要记录。

足迹能揭示的最重要的事情之一，就是恐龙生活在什么地方。早期古生物学家认为，最大的蜥脚类恐龙由于体型太大，无法在陆地上生活。他们认为雷龙和其他大型植食性恐龙一定生活在水中，在水里它们可以像失重一样漂浮在水面上。但当科学家在陆地上发现了蜥脚类恐龙的足迹时，先前的假说被证明是错误的。探险家史蒂夫·布鲁萨特和他的团队在苏格兰斯凯岛上发现了蜥脚类恐

恐龙羽毛的演化

我们知道，有些恐龙会演化成会飞的鸟。但在那之前很久，它们的原始祖先身体上覆盖着某种羽毛。科学家们确信，最早的绒毛是由恐龙的鳞片演化而来的!

简单的绒毛保暖。（羽暴龙）

不分枝的羽枝更蓬松，这是羽毛演化的下一步。（中华龙鸟）

扁平的羽毛的中间有一根羽轴。在恐龙能够滑翔和飞行之前，它们先演化出了羽毛。（始祖鸟）

始祖鸟的扁平羽毛化石。

不对称的飞羽——一边变宽，另一边变窄。这些羽毛表明恐龙可以飞行。（小盗龙）

足迹化石是怎么形成的？

1. 恐龙踩在柔软的地面上，留下足迹。
2. 足迹在阳光下被晒干、变硬。
3. 足迹凹陷被泥土、沙子等沉积物充填，这些充填物也随之变硬。
4. 随着时间的推移，足迹内的沉积物会被剥蚀，露出足迹。

潮汐龙在沼泽中形成足迹化石。

龙的足迹，这个发现进一步完善了这一认知。这些足迹表明，侏罗纪中期的蜥脚类恐龙生活在离海岸很近的地方，甚至还可能在浅水中跋涉。它们并不是世界一流的游泳运动员，但它们偶尔也会享受游泳的乐趣。

其他的足迹表明，一些恐龙生活在科学家意想不到的地方。例如，在澳大利亚发现的大型肉食性恐龙的足迹证明，这个曾经非常寒冷的地区也存在史前生命。澳大利亚的沙漠现在非常炎热，但它曾经与最终形成南极洲的寒冷地区相连。科学家们曾经认为，那里太冷了，任何恐龙都不可能在那里生活。

在美国阿肯色州，科学家发现了更多恐龙足迹。在白垩纪时期，那里曾经又炎热又干燥。令人诧异的是，那里也曾经出现过兽脚类恐龙。这些特殊的足迹是兽脚类恐龙

留待科学家去发现的足迹。

高棘龙留下的，它们行走时脚趾是向内旋的，也被称为内八字。随着研究的深入开展，这些知识将为我们提供更多有关高棘龙行走和奔跑的信息。

在中东现在被称为也门的国家，沙地上保存有 1.5 亿年前的足迹，这是古生物学家发现的最早的可以证明侏罗纪晚期确实存在大型鸟脚类恐龙的证据。在这一发现之前，大多数科学家认为强壮的鸟脚类恐龙直到白垩纪才演化出来。这一发现改变了他们的看法，让古生物学家重新审视恐龙演化的方式。

世界上数不胜数的恐龙足迹告诉了科学家们许多信息，这些曾经统治过我们星球的恐龙们还有很多方面值得我们思考。我们已经知道，有些恐龙是成群结队活动的，而有些则是单打独斗捕食。通过测量恐龙足迹的深度和步幅，科学家们可以计算出恐龙的奔跑速度。保存下来的足迹也帮助我们了解到，一些恐龙在走路时尾巴是抬起的，而不是在地面拖拽着。我们已经知道恐龙是如何追踪猎物的，以及它们的猎物是什么。我们知道有些恐龙在行进中会把幼龙放在群体的中心来保护它们。有些恐龙有蹼，这意味着它们适应了在水中生活。我们甚至了解到，有些恐龙可能是迁徙性的，它们会随着季节的变化从一个地方迁移到另一个地方，或者是由于食物短缺而必须迁徙。

然而，有时候，恐龙足迹并不能解开谜团，而是会制造一个新的谜团。在美国、韩国和葡萄牙的几组足迹化石中，科学家只发现了一些未知的恐龙物种的前肢印痕。这让科学家们非常疑惑：这是怎么回事？恐龙是涉水，用前肢拖拽着身体在河底前进吗？这个谜团仍未解开。

梁龙和异特龙在德国留下的足迹。

深入了解

恐龙的进食方式

古生物学家在发现一种新的恐龙物种时，脑海中会浮现的一个问题是：它是肉食性恐龙、植食性恐龙还是杂食性恐龙？牙齿给了我们很多重要线索。

一群恐爪龙为争夺猎物而争斗。

锋利的牙齿帮助肉食性恐龙撕碎食物。

亲手做一个模拟肉食性恐龙的咀嚼工具：

起钉器

棉球

用一个起钉器撕碎一个棉花球（小心别伤到你的手指！），注意起钉器那锋利的边缘是如何使这块精致的"肉"变碎的？

钝齿可以帮助植食性恐龙磨碎树叶、树枝和球果。

创造属于你自己的植食性恐龙咀嚼工具：

两块扁平的石块

树叶和树枝

在两块岩石之间放一片叶子或一根树枝，然后把它们磨碎。这种运动是如何从植物中提取浆液的呢？是否有些动作比其他动作能更有效地弄碎树叶和树枝？

第四章
恐龙后记

流星撞击地球之后，一股毁灭性的潮汐波冲向陆地。

这是最后的恐龙 在地球上漫游过的地方

站在这里，周围是角龙类、蜥脚类、鸭嘴龙类和暴龙类的遗迹，我正处在世界上最好的化石记录的中间。

史蒂夫·布鲁萨特

美国新墨西哥州有一个记录大灭绝的地层，其中包括特别厚的砂岩。大约6600万年前，也就是希克苏鲁伯小行星撞击墨西哥地点的数百千米之外，环境发生了巨变，泛滥的大水将这块大地淹没。这是白垩纪末期灭绝事件之后世界上最好的记录。这是世界上为数不多的几个地方之一，你可以看到这个星球发生了多么深刻的变化——恐龙曾经统治着这个星球，然后恐龙消失了，剩下的动物为今天的一切奠定了基础。

令我震惊的是，这种变化是多么突然，世界在如此短的时间内如此戏剧性地进行了重塑。在白垩纪的岩石中随处可见恐龙骨骼化石，但进入古新纪的岩石中，却没有恐龙化石了。到处都是哺乳动物的颌部和牙齿。

了解并看到这一点非常的重要，因为这是地球历史上最大的转折点之一。由于一场灾难，地球发生了翻天覆地的变化。这场灾难造成了难以置信的环境变化，并导致了物种灭绝。是的，那次灭绝的发生是因为一颗像珠穆朗玛峰大小的小行星撞上了地球，这种情况大约每5亿年才会发生一次。

小行星撞击地球后，在最初的几天里地球上爆发了山火、海啸和地震，此外还有更长期的影响：核冬天（与温室效应相反的现象）和全球变暖。幸存下来的动物不得不忍受很多令人讨厌的东西。大多数哺乳动物都死了，暴龙类和鸭嘴龙类也死了，只有能吃种子的、能够飞向天际的鸟类幸存了下来。我们是灭绝事件的幸存者。如果恐龙没有灭绝，我们可能就不会在这里了。如果没有那颗小行星，恐龙可能还活着，哺乳动物仍然生活在其阴影下。

新墨西哥州拥有世界上最好的、在白垩纪末期大灭绝事件之后的化石记录。

如果没有那颗**小行星，**恐龙可能**还会存在。**

史蒂夫与同事汤姆·威廉姆森在新墨西哥州现场。

6600万年前，地球上发生了一件大事

一些巨大的事件导致了物种的大灭绝，当时活着的生物中 80% 都死了。

结束（但不是真的完结）

这起神秘的大事件杀死了一些哺乳动物，杀死了海洋爬行动物，杀死了翼龙以及生活在海洋中的大量浮游生物和无脊椎动物，杀死了所有的恐龙，除了一些鸟类。

长期以来，科学家们一直在争论这起大事件到底是怎么回事。他们一直在争论这是否是单独发生的，或者它是否与其他一些大大小小的事情同时发生。随着时间的推移，科学家们至少在一个细节上达成了一致：导致灭绝最重要的因素来自外太空的撞击。换句话说，一颗小行星或者可能是一颗彗星撞击地球导致了大灭绝事件。

这颗小行星直径约 9.7 千米。它以每小时 64374 千米 / 小时的速度进入地球大气层——这是音速的 52 倍。它撞上了地球——实际上，它击中了水体，因为在白垩纪晚期，撞击区域位于现在的墨西哥尤卡坦半岛。当它撞击地球时，爆炸的威力相当于数万亿吨的 TNT 炸药同时爆炸所产生的威力。这比人类制造的任何炸弹的威力都强上几百万倍。小行星撞击地球的力量如此强大，以至于在地表形成了一个碗状的巨坑，我们现在称之为奇克苏鲁布陨石坑，它深 19.3 千米，宽

艺术家对6600万年前撞击地球的小行星的描绘。

185 千米。撞击如此强烈，以至于在小行星击中地球的几分钟内，地壳又向上反弹，在陨石坑内形成了一圈山脉。

科学家是怎么知道这些的？陨石坑的发现证实了这一点。

科学家一直在寻找恐龙灭绝的原因。长久以来，他们一直怀疑可能是小行星的撞击导致了白垩纪－古近纪灭绝事件。他们正在研究一个很好的线索。地层中有一种叫作铱的元素，它的存在

这颗小行星留下的陨石坑有185千米宽。

标志着白垩纪的结束和古近纪的开始。铱元素并不存在于地球上，它来自太空，当小行星撞击地球时，它被带到了地面上。

1991 年，科学家们发现了希克苏鲁伯陨石坑。它一半在墨西哥湾的水中，一半在尤卡坦半岛的陆地上。科学家对其进行了测试和研究。最近，他们开始向陨石坑深处钻探，希望找到更多的线索。这里的发现对 6600 万年前发生的事情做了很好的记录。

测量希克苏鲁伯小行星的作用力

这一切发生在 6600 万年前。 那么，科学家们是如何计算出小行星撞击地球时的速度呢？这与小行星留下的陨石坑以及科学家们在其中发现的东西有关。在墨西哥湾海底 1335 米的深处，科学家们从陨石坑的环形山中挖出了岩芯样本。这些样本由岩石形成，但它看起来与你在世界上任何地方找到的岩石都不同。它们是复合岩石，由不同类型和颜色的岩石组成。样本中最重要的岩石类型是花岗岩，那是因为花岗岩通常埋在地下数千米的地壳中。发现花岗岩后，科学家们使用计算机估算出小行星撞击的速度，撞击使得这些岩石被从地下挤到接近地球表面的地方。

希克苏鲁伯核心样本。

嘭！这颗小行星撞到了地球。从撞击那刻开始，所有的一切都在熊熊燃烧。撞击点周围数千米范围内的岩石都气化了，距离撞击点1005千米以内的任何物体都开始燃烧。一股305米高的巨大海啸或潮汐席卷了墨西哥湾、北美和南美海岸。事实上，科学家已经在距离希克苏鲁伯数千千米之外的美国蒙大拿州，甚至是更遥远的南极洲找到了海啸的证据。几乎所有生活在水里的生物都死去了。紧接着，地球上开始爆发连续大地震。科学家们估计，每一次地震的强度相当于现在160年间地球上发生的所有地震的强度总和。

所有这些都发生在撞击后的10分钟内。

时速高达966千米的风突然吹过陆地，有毒的二氧化碳、一氧化碳和甲烷被释放到空气中。臭氧层被破坏了，天空变得像黑夜一样，大气里充斥着火山灰和其他碎片。这些火山灰和碎片最终变轻并沉降下来。

接下来的数年时间里，地球一直被笼罩在黑暗中，这意味着植物无法沐浴在阳光下，所以无法生长。地球表面的气温骤降。这些糟糕的变化导致了一些恐龙的死亡。随着时间的推移，另外一些因素慢慢地杀死了它们。

一些科学家想知道，另外那些大大小小的因素也是杀死恐龙的帮凶吗？有证据表明，在奇克苏鲁布事件发生之前的5000万~200万年，一些恐龙已经灭绝了，例如不同种类的角龙

小行星撞击之后，熔岩砸向地球。

火山爆发使空气变得有毒，在数年的时间里，地球都被笼罩在黑暗中。

类和鸭嘴龙类。一些科学家认为，这意味着恐龙已经在走向灭绝。像疟疾这样的疾病和恐龙的灭绝有关系吗？至少有一项研究表明，1亿年前的蚊子就已经携带着这种有时会致命的疾病，并很有可能将疾病传染给了恐龙。也许栖息地的改变使恐龙的生活更加艰难。在白垩纪晚期，随着海平面的下降，地球上形成了更多的陆地，海洋变小了。

再往前追溯，在希克苏鲁伯之前的几百万年前，火山爆发摧毁了现在的印度所处的地区。在小行星撞击地球的同时，太平洋上也有火山喷发。一些科学家认为这导致了恐龙的灭绝。火山爆发会向大气中喷出炽热的熔岩和火山灰，造成全球变暖。还会释放出致命的重金属汞，导致酸雨的产生。这些因素可能使恐龙、植物和其他动物变得不健康，无法在希克苏鲁伯时期生存。

新生代的生命

撞击使得我们星球上数百万计的动物死亡。其中一些就在它们倒下的地上腐烂了，它们被土壤中的化学物质溶解掉。还有一些很快就被希克苏鲁伯撞击产生的碎片、火山喷发的火山灰以及风吹来的灰尘和沙子所覆盖。死于水中的动物会沉入海底或河床，被淤泥和沉积物覆盖。有时，埋藏条件正好使它们的骨头和坚硬的部分变成化石。骨头越大越重，越有可能变成化石。

在地下深处，化石正在形成。与此同时，在地面上，新的生命正在到处涌现。各种各

鸟类是如何在大灭绝中幸存下来的？

数千种恐龙在白垩纪-古近纪大灭绝中消失了，但是有一些鸟类幸存了下来。化石显示，在灭绝事件发生前的白垩纪，可能生活着鸭子、潜鸟、鹈鹕、鸻鹬，甚至鹦鹉的祖先。它们是怎么存活下来的呢？

新的研究表明，是否能幸存下来与体型大小有很大关系。许多鸟恐龙已经在小型化的演化路线上持续一段时间了，这个进程与它们演化成为天空的翱翔者是同时进行的。由于鸟类的体型很小，因此它们可以更好地适应希克苏鲁伯小行星撞击地球后的环境。得益于移动能力，鸟类还可以找到更好的栖息地。此外，小动物能更好地躲避体型较大、饥饿的动物。

另一种假说认为，鸟类之所以能够存活下来，与它们的喙有关。小行星撞击地球后，恐龙所需的肉、鱼和植物等食物变得很少，而鸟的喙很适合吃种子。种子可以在土壤中存活数年，在植物无法生长时提供现成的食物。直到今天，喙仍然很适合于鸟类的生存。据估计，地球上现存1万种鸟类！

鸟类是唯一幸存下来的"恐龙"。

成为石头

这是骨头变成化石的过程：

1. 恐龙骨头上覆盖的泥土层被挤压在一起，变成沉积岩。
2. 在岩石内部，充满矿物质的水开始渗入恐龙骨骼并溶解组织。
3. 同时，水中的矿物质替代了构成骨骼的物质，填补了其他物质溶解后的空间。
4. 几百万年后，瞧，变成了化石！

不过，总的来说，在人类出现之前的那些年里，地球的温度波动很大。首先，新生代真的很热。之后，地球变得超级热。再之后，冰河时代席卷了南北两极。经历了这大起大落的气温波动之后，那些在恐龙时代未能真正茁壮成长的动物终于有机会大放异彩了。海洋中到处都是不同种类的辐鳍鱼，其中包括金枪鱼、金鱼和鳗鱼。而包括飞蛾、甲虫、蜜蜂和黄蜂在内的昆虫继续演化，这些昆虫被越来越多的鸟类吃掉，鸟类是唯一在白垩纪–古近纪大灭绝中幸存下来的恐龙。植物中的裸子植物多样性也减少了，但是，随着更多种类的蕨类植物、花卉，尤其是草类植物的出现，新的多叶树木也出现了。

最引人注目的是哺乳动物的演化。当然，有些哺乳动物在灭绝之前就已经存在了。但科学家们认为，恐龙对自然资源的控制使哺乳动物无法真正地繁荣发展。一旦恐龙消失了，那些在大灭绝中幸存下来的哺乳动物迅速变得更大、更多样化，也更好地适应了地球上的新环境。并不是所有的动物都能存活足够长的时间，从而能和人类同期生活。植食性动物尤因它兽就没能活到第四纪，它长得有点像犀牛，头上长满了短角。安氏中兽也没能活到第四纪。安氏中兽是一种来自蒙古的体型庞大的、毛绒绒的肉食性动物，长得像野猪。名叫伊神蝠的早期蝙蝠也灭绝了，它们的一些骨骼埋入地下，慢慢地变成了化石，留给古生物学家们一份记录了

样神奇的事情都在发生。例如，大陆继续漂移。

如果你在 5000 万年前看到一幅世界地图时，你会觉得它的形状很有趣。那时整个地球上板块分布的形状与现在我们所熟知的世界并不一样。

大陆的分裂对生物多样性来说是有好处的。每个大陆都有自己独特的气候，这有助于不同种类的动植物演化。想想看，袋鼠只生活在澳大利亚，北极熊只生活在北极，它们适应了栖息地特定的环境。

生命是如何随着时间而变化的礼物。这份记录一直延续到今天。

深入了解：过去

化石被深埋在地下，上面覆盖着数百万年到上亿年的地球"垃圾"。化石中的大多数都深藏地底，无缘和我们相见，但有一些则被抬升到地表，从而被人类发现。这是怎么发生的呢？当形成我们星球外壳的岩石板块开始移动甚至碰撞时，地壳就会隆起，地球深处的岩石发生挤压并向上推，形成了山脉。暴露在地表的山脉上的岩石被太阳、雨水和风不断侵蚀，随着时间的推移，岩石逐渐磨损，里面的化石就变得清晰可见。

是时候提到化石猎人了！

在英国蒙莫斯海滩发现的鹦鹉螺化石。

化石猎人

几千年来，人们一直在寻找化石，但他们并不总是知道它们找到的到底是什么。也许是龙骨？或者是神话故事中的怪物碎片？

一些化石的旧名字表明，人们对史前世界知之甚少。菊石化石被称为蛇形石，因为它们呈卷曲状，看起来像一条正在打盹的蛇。粗糙的、黑色的侏罗纪牡蛎化石被称为魔鬼的脚趾甲。粪便化石被称为牛黄石，人们认为它具有抗毒的魔力。乌贼祖先的化石呈子弹形状，因而被称为雷电。

然而，渐渐地，科学家开始明白，化石不仅仅是由岩石构成的漂亮物体，它们更是关于过去的重要记录，也是很久以前存在过的生物的重要生存记录。

在威廉·巴克兰的时代，菊石是蛇形石，牡蛎是魔鬼的脚趾甲。

史蒂夫·布鲁萨特

我的同事汤姆·威廉姆森在美国新墨西哥州自然历史与科学博物馆工作。在过去25年里，汤姆收集了大量令人难以置信的化石，他有一对双胞胎儿子，瑞恩和泰勒。从他们6岁起，汤姆每年都会带儿子们去野外。现在他们在上大学。双胞胎兄弟发现了一些惊人的化石，其中包括最早的灵长类动物的骨骼。

任何人都能找到化石——这是研究古代生物的一大好处。但重要的是，你要谨记，古生物学家外出采集时是有许可证的，他们要懂得采集化石的相关法律。如今，大多数化石都是由农民或建筑工人发现的，还有很多是由孩子和他们的父母一起远足时发现的。很酷吧？不过，当你发现化石时，你应该报告你的发现。不要试图移除化石，因为那样会破坏它。你应该把它留在原地，打电话给当地的博物馆或大学，说："嘿，我发现了一块化石！"他们会很高兴接到你的来电。

很多时候，我们用化石发现人的名字来命名化石。也许将来有一天，那个人就是你！

科学家们第一次真正对化石产生兴趣是在17世纪晚期。就在那时，一位名叫罗伯特·普劳德英国博物学家在一个采石场发现了一根巨大的股骨。起初，罗伯特以为这属于罗马时期被带到英国的大象的骨骼化石。后来他改变了主意，认为它一定是属于一个巨人的。但你猜怎么着？今天我们知道它属于巨齿龙。

那时，即使是受过很多教育的人也认为地球只有几千年的历史，他们认为骨骼化石属于一些仍然存在的动物。而且他们也很难弄清楚这些化石到底属于什么动物，因为很多化石看起来并不像任何已知的或所见的动物骨骼。

后来，法国博物学家乔治·居维叶发现了真相：那些化石一定是来自早已灭绝的动物。这在当时是一个令人激动而兴奋的想法。科学家们为此争论了很多年。正因为这个不同凡响的想法，居维叶被尊称为古生物学之父。"古生物学"一词是指研究古老生物尤其是古老生物的化石的科学，这一名词创造于19世纪中期。

从那时起，寻找化石的热潮开始兴起。尤其是在英国，科学家们发现了许多令人印象深刻的化石，引发了科学界的广泛讨论。一位名叫吉迪恩·曼特尔的医生在英国西萨塞克斯郡发现了一颗巨大的牙齿，他后来把这颗牙齿叫作禽龙的牙齿。两年后，一位名

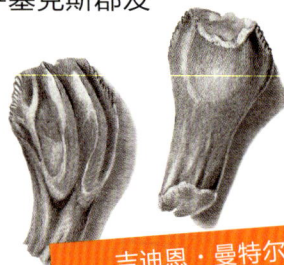

史蒂夫的同事莎拉·雪莉和汤姆·威廉姆森正在新墨西哥州进行化石搜寻工作。

吉迪恩·曼特尔画的禽龙牙齿。

叫威廉·巴克兰的地质学家宣布，博物馆里的一块颌骨属于一种称作巨齿龙的史前动物。人们发现了更多禽龙的骨骼，然后是林龙的骨骼。很明显，这些骨骼不属于地球上现存的任何一种动物，它们属于完全不同的一类爬行动物。1841 年，古生物学家理查德·欧文提出了"恐龙"这一名词，意即"恐怖的蜥蜴"。

林龙帮助早期的化石猎人加深对恐龙的了解。

玛丽·安宁

玛丽·安宁出生于 19 世纪初。那时候，男性主导一切，包括科学。在英国和欧洲，科学家们把它们最新的研究和发现带到科学团体中进行讨论和辩论，但妇女是不允许参与的。

玛丽·安宁的家碰巧位于英国南部沿海地区，那里到处都是侏罗纪时期的化石。它们被隐藏在安宁家乡——莱姆·里吉斯——海边的悬崖上。潮汐和天气侵蚀了这些悬崖峭壁，地表暴露出那些令人难以置信的化石。1811 年，安宁和她的兄弟在那里发现了一具令人惊奇的骨架：第一只鱼龙。那些年间，安宁将莱姆里吉斯悬崖上的其他鱼龙都挖掘了出来，还有第一只蛇颈龙。这些发现把科学家们吸引到她家门前，他们从她那儿买走化石并进行研究，然后向科学协会报告了自己的发现。他们几乎从未把化石的发现归功于安宁。尽管如此，

超级化石猎人玛丽·安宁。

她还是研究自己的一些发现，并对这些发现提出了自己的假说。

安宁为什么要这么做呢？因为她需要钱。安宁出身贫寒，一生的大部分时间都很穷困。科学家们购买她化石的钱——其中一些化石出现在博物馆的收藏品中——可以帮助她维持生计，她甚至开了一家化石纪念品商店。在那里，她把其他更小的化石卖给每年夏天来这里度假的游客。

安宁在她活着的时候并不出名，尽管她的名字对她那个时代的许多古生物学家来说是非常熟悉的。在她去世近 200 年后，我们终于知道她是世界上最有成就的化石猎人之一。她在另一方面也很有名。你听过绕口令"她在海边卖贝壳"吗？那就是以玛丽·安宁为原型的！

柯普和马什

下面是 120 多种由柯普和马什描述和命名的著名恐龙中的一部分：

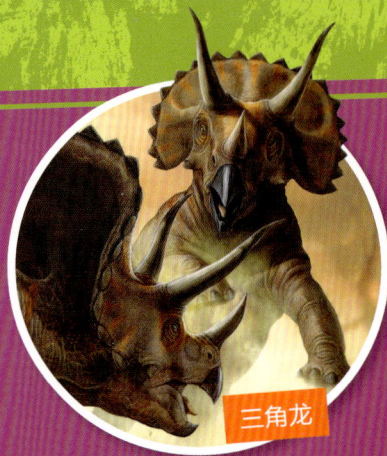
三角龙

异特龙

柯普

梁龙

马什

雷龙

埃德蒙顿龙

骨头之战

对化石的狂热在英国已经高涨起来。19世纪 50 年代，在美国发现了第一颗糙牙龙、伤齿龙和恐齿龙的牙齿。1870 年，科学家在科罗拉多州发现了一大堆恐龙化石，这一发现引发了"骨头之战"，也被称为"大恐龙潮"。

20 年来，有两个人为了发现属于全新恐龙的新化石而争斗不止，他们分别是古生物学家爱德华·德林克尔·柯普和奥塞内尔·马什。柯普带领一队人马前往美国怀俄明州和科罗拉多州的印第安人领地。马什是美国康涅狄格州纽黑文的耶鲁大学皮博迪自然历史博物馆的馆长。这两个人都雇了一批人挖掘恐龙化石。

事实上，可以用"肮脏"来形容马什为了确保所有最好的化石都能到他的博物馆所使用的一些技巧。柯普也一样。这两个人在报纸上互说对方的坏话，互相监视对方的挖掘，用炸药互毁对方的化石点，还互偷对方的化石。但是在两人的共同努力下（在他们辛勤工作的团队的帮助下），柯普和马什一共发现并命名了 120 多种新恐龙。他们或许不是最善良或最有道德的人，但他们确实对科学做出了巨大的贡献！当柯普和马什放弃相互竞争时，恐龙热潮并没有结束。在 19 世纪和 20 世纪，也有很多其他人在寻找恐龙骨骼。每一个发现都有助于我们进一步了解恐龙是什么，它们是如何生活的，以及它们是如何演化的。

　　全世界都在挖掘恐龙，包括南美、德国和埃及。即便在今天，新的古生物学家仍在探索和发现。到目前为止，人们已经发现了1000多种不同的恐龙，科学家认为这个数字只代表了在地球上生活了1.65亿年的恐龙物种的一小部分。想象一下，还有多少恐龙等待被发现！

世界各地的恐龙墓地

　　找到一只恐龙，甚至只是恐龙的一部分，都是非常了不起的。找到许多恐龙是令人兴奋的事儿。更重要的是，一个巨大的化石宝库可以为研究人员提供足够多的材料，一次研究好几年。

　　恐龙墓地给古生物学家提供的正是这种材料。恐龙的天然墓地密布着化石。当然，在化石点发现的化石种类与曾经生活在附近的动物种类密切相关，也与动物遗骸的保存条件也有关系。

　　北美有一些非常著名也非常重要的恐龙墓地，其中之一就是美国国立恐龙公园。这里到处都是侏罗纪时期的化石。它由位于科罗拉多州和犹他州的沉积岩组成，面积有1553993平方千米。这里是莫里森组地层的所在地，柯普和马什在骨头之战期间的大部分化石都是在这里发现的。

　　巴纳姆·布朗在美国蒙大拿州发现了第

一只暴龙，还在怀俄明州的豪威采石场发现了梁龙的骨骼和一些不同类型的兽脚类恐龙的牙齿。最近，一队古生物学家在豪威采石场发现了被认为是全新物种的蜥脚类恐龙。古生物学家将其命名为西氏小梁龙。在蒙大拿州的地狱溪组附近，人们发现了数不胜数的白垩纪恐龙化石，有甲龙类、肿头龙类、角龙类、鸭嘴龙类、暴龙类、似鸟龙类等。

　　一些最古老和最大的恐龙化石来自南美洲。阿根廷是南美洲最南端的国家之一，它的尖端几乎一直延伸到了南极洲。阿根廷有2个非常重要的恐龙墓地，其中之一是伊沙瓜拉斯托组，这里属于沙漠地区，位于1310米高的悬崖上。这里干旱又贫瘠，这种气候有助于保存埋藏在岩石中的三叠纪恐龙和哺乳动物。对于伊沙瓜拉斯托的研究始于1930年，那里发现的恐龙种类数不胜数，因为新的物种还在不断地被发现。在所有生活在伊沙瓜拉斯托的恐龙中，始盗龙可能是最著名的一种。另一个恐龙墓地奥卡·马霍沃（Auca Mahuevo），位于伊沙瓜拉斯托南部，以盛产白垩纪恐龙化石而闻名。

　　1997年，洛厄尔·丁格斯和他的古生物学家团队在这里发现了埋藏在地下的多层排列的恐龙蛋和蛋壳。更确切地说，是巨型蜥脚类萨尔塔龙的蛋。其中许多蛋含有石化的胚胎。这里发现的恐龙蛋和残骸的数量是如此惊人，以至于科学家们将奥卡·马霍沃称为蛋床，而不是骨床或恐龙墓地。这个庞

耶鲁大学皮博迪博物馆展出的雷龙骨架。

巴塔哥泰坦龙是在阿根廷发现的。

最早发现始祖鸟化石的德国采石场。

古生物学家在鲁夸裂谷盆地工作。

大的蜥脚类恐龙巢穴距离另一个重要的蜥脚类恐龙聚集地——阿根廷的门多萨省——仅几个小时的车程。2014 年，一名农场主在门多萨省偶然发现了迄今为止发现的最大的恐龙——巴塔哥尼亚巨龙的遗骸。

跨越大西洋来到德国南部，1861 年，人们在索伦霍芬镇的一个采石场，发现了第一块始祖鸟化石。这块神奇的化石居然保存了羽毛的印痕。这一发现的伟大意义在于，始祖鸟是人们首次发现的不会飞的恐龙和会飞的恐龙之间的过渡物种。从那之后，在同一岩层中发现了 10 多个始祖鸟的化石。这个地区一定有某些东西，能够吸引会飞的动物，因为在这里也发现了许多保存完好的侏罗纪时期的翼龙化石。

非洲出土的第一批恐龙化石来自坦桑尼亚。1906 年，该国家的汤达鸠骨床开始挖掘，奇怪的是，在那里发现的很多化石与在美国西部发现的化石相似。腕龙有点像在汤达鸠发现的的长颈巨龙，剑龙有点像在汤达鸠发现的肯氏龙。2014 年，一队来自美国俄亥俄州的古生物学家在汤达鸠西部一个名为鲁夸裂谷盆地的地方发现了 1 亿年前的巨龙类，这种恐龙叫重埋鲁夸巨龙。这表明，即使在已经被挖掘过的地方，恐龙墓地也能继续发掘出化石。

世界各地还有许多令人惊叹的恐龙墓地，

包括欧洲其他地方，以及埃及和澳大利亚。但是有另外两个地区脱颖而出。其中一个是位于中国北方的辽宁，这是迄今为止发现的最新的恐龙墓地之一。大约在 1.25 亿年前的白垩纪早期，火山爆发杀死了大量的恐龙。到目前为止，该地区的农民已经发现了大约 60 种恐龙。正是因为这些发现，我们才知道，许多我们过去曾认为有鳞的恐龙其实是长羽毛的。而且因为这些恐龙保存得很好，它们的羽毛中仍保存有黑素体。这帮助科学家们搞清楚了一些问题，譬如恐龙可能是什么颜色的。辽宁除了发现中华龙鸟外，其他长羽毛的恐龙还有赫氏近鸟龙、耀龙和体型巨大的孙氏振元龙。

辽宁发现的高氏切齿龙头骨。

最后也是相当重要的一个地点是南极洲的柯克帕特里克山。数百万年前，南极洲远没有现在这么寒冷，也不像现在是个冰雪覆盖的世界。很多恐龙曾经生活在那里。柯克帕特里克山正是发现许多恐龙化石的地方，这是因为它是大陆上为数不多的化石没有被深冰层覆盖的地方之一。1991 年，威廉·哈默带领着一队古生物学家前往南极洲挖掘化石。找到化石的过程并不容易，他们不得不用手提钻破冰。古生物学家们无法在现场研究这些化石，所以他们把大块的岩石打碎，送回美国伊利诺斯州的实验室进行后续研究。

当古生物学家们最终清出这些岩石中的化石，并对其进行研究时，他们知道了几个月前它们在南极洲发现的第一种恐龙的名字。这是一种新的肉食性恐龙，称为冰脊龙。从那以后，研究小组在柯克帕特里克山发现了更多这种恐龙，以及一些大型蜥脚类恐龙，它们看起来像梁龙，还有一种不知名的 2 亿年前的鸟臀目恐龙。这不禁让科学家们想知道：在我们的星球上有恐龙未曾踏足过的地方吗？越来越多的人认为这个问题的答案是否定的！

冰脊龙

世界各地都发现了恐龙生活的证据！

下一个化石将在哪里被发现？

美国国立恐龙公园，犹他州，美国

大发现：数种大型植食性恐龙，包括迷惑龙和重龙，还有肉食性恐龙，如异特龙。

美国德克萨斯州帕鲁西河

大发现：白垩纪早期大型植食性恐龙和大型肉食性恐龙相遇的足迹。

阿根廷伊沙瓜拉斯托

大发现：已知的两种最古老的恐龙是肉食性恐龙：始盗龙和埃雷拉龙。

阿根廷门多萨省

大发现:世界上最大的巨龙类，巴塔哥泰坦龙。

阿根廷惠恩库尔广场

大发现：世界上一些最大的肉食性和植食性恐龙，包括阿根廷龙、南方巨兽龙和马普龙，以及许多其他物种。

加拿大艾伯特省

大发现：一种新的角龙类，后来被命名为皇家角龙。

地狱溪组，蒙大拿州，美国

大发现：数个暴龙标本、三角龙和许多其他白垩纪晚期恐龙。

费丝，南达科他州，美国

大发现：暴龙苏

美国阿肯色州

大发现：一种叫作高棘龙的兽脚类恐龙留下的足迹。

也门纳达尔

大发现：研究人员发现鸟脚亚目恐龙的踪迹。

阿根廷奥卡马霍沃

大发现：一个有数千个恐龙蛋的恐龙筑巢地。

斯凯岛，苏格兰，英国

大发现：侏罗纪中期的蜥脚类足迹。

比利时贝尔尼萨尔

大发现：许多保存完好的恐龙化石。

德国索伦霍芬

大发现：美颌龙、始祖鸟和许多侏罗纪晚期的植物、鱼类和其他动物。

坦桑尼亚汤达鸠

大发现：腕龙、异特龙、肯氏龙、重龙、角鼻龙等。

尼日尔撒哈拉沙漠

大发现：似鳄龙、三角洲奔龙和其他白垩纪恐龙。

蒙古戈壁

大发现：一些保存得相当完好的恐龙骨骼，包括战斗中的伶盗龙和原角龙。

中国辽宁

大发现：许多白垩纪早期的动物化石，包括有羽毛的恐龙，如寐龙和小盗龙。

中国山东半岛

大发现：最大的鸭嘴龙类之一，山东龙。

澳大利亚云雀采石场

大发现：数以千计的恐龙足迹，以及迪亚曼蒂纳龙和温顿巨龙的化石。

南极洲柯克帕特里克山

大发现：一种新的肉食性恐龙——冰脊龙。

筛查发现

挖掘化石

化石科学

寻猎化石这种基础工作已经持续发展了200多年。古生物学家带着一队人马去挖掘那些他或她认为有可能找到恐龙化石的地方，例如一个已经被挖掘开的恐龙墓地，或者是一个普通人偶然发现化石的地方。团队开始会在一个有岩石的地方寻找，通常是砂岩或其他沉积岩。沉积岩是一层一层的泥土和沙子交替堆积形成的。当古生物学家确定化石点之后，团队就开始挖掘。

挖掘过程缓慢而困难，而且必须手工完成。古生物学家希望确保不会破坏任何他们试图挖掘出来的化石。虽然他们有时候不得不像哈默博士在南极洲做的那样，用手提钻钻透岩石或冰块，但大多数情况下，只能使用凿子、锤子、锯子，甚至锋利的牙医工具，把化石从岩石中挖掘出来。越靠近化石的时候越要小心。他们还会用软毛刷掸掉化石上的灰尘，这样在挖掘化石时就能更清楚地看到它们。他们在化石上涂上稀胶水，防止化石破碎。

古生物学家在从化石点移出任何化石之前，都会先制作一张分布图，并拍照，绘制图表，精确地标记每块化石的位置。这样，科学家们就得到了化石点的科学记录，以方便进一步研究，找出哪些化石属于同一类。当在一个地点发现大量化石时，这一点尤为重要。

哈默博士在南极洲挖掘的时候，不得不从地表上移除大块的岩石。送回实验室时，化石还完全被包裹在里面。但古生物学家通常不必如此，他们在现场就可以挖出骨头。小骨头可能很脆弱，但很容易被包裹起来，在返回实验室的路途中会受到足够的保护。古生物学家会用石膏把化石包起来，这样能保证它们在转送过程中完好无损。现在，大家公认是巴纳姆·布朗在19世纪发明了这种方法。从那时起，科学家们就一直在使用这种方法。他们把粗麻布条浸在湿石膏里，然后把这些布条紧紧地包裹在每根骨头上，形成一个巨大的木乃伊。每块骨头上都标有数字和字母，这有助于科学家们日后辨别它们。最终，所有的化石都装在板条箱里被运走。

无人机帮助古生物学家看到人类难以到达的地方。

这些技术从寻猎化石的早期就开始使用，一直到了今天。但现在也有了一些新技术，可以帮助古生物学家找到恐龙骨骼和其他早已灭绝的动物的化石点。其中一项新技术就是激光雷达。科学家们使用激光雷达来制作精确的三维地图，这些地图上的物体靠肉眼是看不到的，比如海底的形状、海岸线，或者森林深处的植被。激光雷达在一个区域内脉发出数千个激光点，测量每个激光点的传播距离，从而让科学家非常详细地看到表面。例如，激光雷达帮助美国国立恐龙公园的科学家们绘制了一幅巨大而复杂的骨骼墙的地图。

无人机是古生物学家的另一个新工具。这些遥控的机器配备有小摄像头，它们可以低空飞过那些太偏远或太危险而无法到达的地方。无人机可以帮助古生物学家找到视线范围之外、平时无法发现的痕迹化石，比如恐龙足迹。事实上，无人机在澳大利亚西部危险的岩石海岸线上发现并绘制了数千个1.3亿年前兽脚类恐龙和蜥脚类恐龙的足迹图。最终，通过研究无人机收集到的视频，科学家们能够更好地了解这些恐龙的行走方式。

古生物学家达拉.泽勒尼茨基在戈壁研究一个似鸟龙类骨骼化石标本。

費城自然科學院恐龍實驗室。

回到實驗室

一旦這些化石被帶回實驗室，另一項工作就開始了——先搞清楚它們究竟屬於哪個時代。古生物學家通常會有一個粗略的概念。這依據的是化石所在的岩層的年齡，這就是地層學。

這些化石還需要被鑒定出來，看它們是屬於已知的物種，還是古生物學家幸運地發現的全新的恐龍。當科學家們將化石從石膏包中取出，並將附著在上面的岩石移除後，會獲取化石的照片和 3D 圖像，並儲存在電腦裡。博物館試圖用這種方式記錄他們收藏的每一根恐龍骨頭。通過這些圖像，

科學家們將新舊發現進行對比，找出相同和不同之處。他們還需要深入研究博物館的收藏品，閱讀其他古生物學家的野外記錄。通過這些不同的方式，古生物學家開始了解恐龍的外形和行為。

三角龍頭骨的三維掃描。

這些 3D 圖像還可以讓科學家們做到另一件超級酷的事情，就是計算機建模。輸入恐龍的立體骨骼以及其他信息（如骨骼的重量），科學家就可以使用計算機程序模擬出恐龍的重要細節，比如這些骨頭是如何連接的？這只恐龍是如何站立和行走的？它的移動速度有多快？它是如何擺動或旋轉頭和尾巴的？它的肌肉是如何覆蓋骨

科学家们用3D打印机制作了这个恐龙的机械骨架。

头的？它的颌部只是上下移动，还是也能左右移动？多亏有了计算机建模，科学家们改变了对这些史前动物的一些看法，这些改变体现在我们如今在博物馆看到的那些展出的恐龙身上。

展出恐龙也有来自自身的挑战。古生物学家通常很少能发现一具完整的骨架。因此，他们必须造出一些骨头来填补缺失的部分。而且，化石非常脆弱，有时还非常重。所以将真化石展示在博物馆的展览大厅里是很罕见的。一旦科学家们明白了骨架是如何组合在一起的，模型技师就会将真化石翻模，从而制作出重量较轻的复制品。这就是你在古生物博物馆展览中看到的那些展品。

当你面对这样的情况，你是否会想，好希望自己能够触摸并研究真实的恐龙骨骼，而不仅仅是从远处观看复制品？如果是这样

真正的头骨（左）和人工复制品（右）。

的话，恭喜你，你很有可能成为下一位伟大的古生物学家！想想那些还在等待着被发现的恐龙吧，想想那些能帮助你发现、研究和理解它们的技术吧！地球可能只是一个巨大的恐龙墓地！

不要只是坐在那里——是时候开始挖掘那些秘密了！

深入了解

野外工具包

古生物学家在野外寻找动植物的踪迹时必须做好充分的准备。你永远不知道你可能需要什么！想想在挖掘过程中会发生什么？你希望身边有什么样的工具呢？

试着从你家里的物品中整理出你自己的野外装备。（在借用任何工具之前一定要询问大人！）然后带着你的考古发掘团队——包括一个成年人，一起出去看看你能找到什么。记住，把你找到的东西留在原处，如果你认为你发现了恐龙，请向当地的博物馆报告。

史蒂夫在苏格兰的斯凯岛发现了足迹化石。

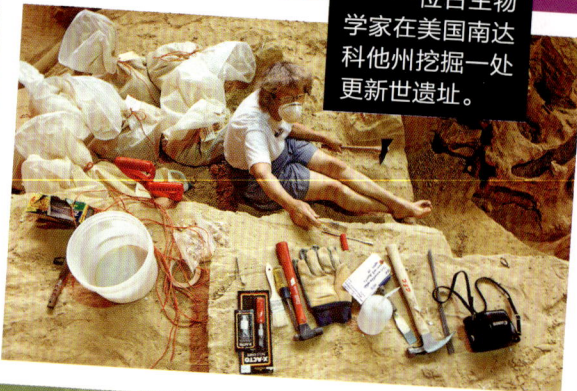
中国古生物学家在重庆挖掘马门溪龙。

一位古生物学家在美国南达科他州挖掘一处更新世遗址。

典型的古生物野外工具包可能包括以下工具：

牙刷

小铲子

叉子和勺子

水瓶

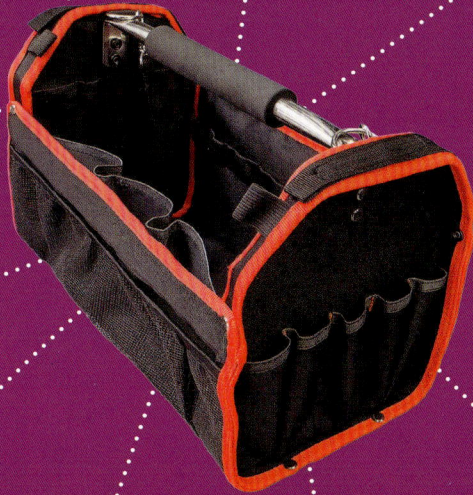

刷子

凿子

卷尺

锤子

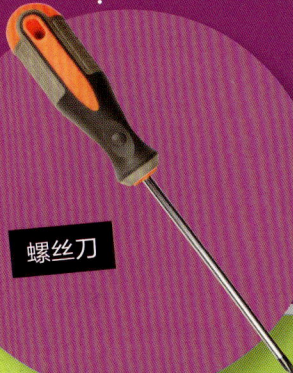

螺丝刀

笔记本和笔

发音指南

以下是这本书中一些史前物种的发音。

ABELISAURUS (ay-bel-uh-SORE-us)
阿贝力龙
ACROCANTHOSAURUS (ACK-row-CAN-tho-SORE-us)
高棘龙
ALBERTONECTES (AL-burr-toe-NEK-tees)
阿尔伯塔泳龙
ALIORAMUS (AL-ee-oh-RAY-mus)
分支龙
ALLOSAURUS (AL-oh-SORE-us)
异特龙
ALXASAURUS (AWL-shah-SORE-us)
阿拉善龙
AMPHICOELIAS (AM-feh-SEE-lee-us)
双腔龙
ANCHIORNIS (ANN-kee-OR-niss)
近鸟龙
ANDREWSARCHUS (AN-drew-ZARK-us)
安氏中兽
APATOSAURUS (uh-PAT-uh-SORE-us)
迷惑龙
ARCHAEOPTERYX (ARK-ee-OP-turr-icks)
始祖鸟

ARGENTINOSAURUS (ahr-gen-TEEN-oh-SORE-us)
阿根廷龙
ASKEPTOSAURUS (ah-SKEP-tuh-SORE-us)
阿氏开普吐龙
BRACHIOSAURUS (BRACK-ee-oh-SORE-us)
腕龙
BRONTOSAURUS (BRON-tuh-SORE-us)
雷龙
CAMARASAURUS (KAM-ah-rah-SORE-us)
圆顶龙
CARCHARODONTOSAURUS (CAR-care-oh-DON-toe-SORE-us)
鲨齿龙
CARNOTAURUS (KAR-no-TORE-us)
食肉牛龙
CERATOSAURUS (ser-RAT-uh-SORE-us)
角鼻龙
CHAOHUSAURUS (KAY-huh-SORE-us)
巢湖龙
COLEPIOCEPHALE (COLE-ep-ee-oh-SEFF-al-ee)
结头龙
COMPSOGNATHUS (KOMP-sog-NAH-thus or komp-SOG-no-thus)
美颌龙
CONFUCIUSORNIS (con-FEW-shuh-SORE-niss)
孔子鸟
CRYOLOPHOSAURUS (CRY-oh-LOW-fo-SORE-us)
冰脊龙
CTENOCHASMA (kuh-TEN-oh-KAZ-mah)
梳齿龙
CYNOGNATHUS (sih-NOG-nuh-thiss)
犬颌兽
DEINOCHEIRUS (DINE-oh-KYE-russ)
恐手龙
DEINONYCHUS (die-NON-e-kuss)
恐爪龙
DILOPHOSAURUS (die-LOAF-o-SORE-us)
双脊龙
DIMETRODON (die-MET-reh-don)
异齿龙

DIPLOCAULUS (dih–pluh–KAWL–us)
笠头螈
DIPLODOCUS (dih–PLOD–uh–kus)
梁龙
DREPANOSAURUS (drep–a–nih–SORE–us)
镰龙
EDMONTOSAURUS (ed–MON–toh–SORE–us)
埃德蒙顿龙
ELASMOSAURUS (ee–LAZ–muh–SORE–us)
薄片龙
EORAPTOR (EE–oh–RAP–tore)
始盗龙
EOZOSTRODON (ee–uh–ZOS–tra–don)
始带齿兽
EPIDEXIPTERYX (EP–ee–DEX–ip–terr–icks)
耀龙
EUDIMORPHODON (yu–dee–MORE–fih–don)
真双型齿翼龙
FALCARIUS (fal–KEH–ree–us)
铸镰龙
GALLIMIMUS (GAL–i–MIME–us)
似鸡龙
GALLODACTYLUS (gal–ih–DAK–til–us)
高卢翼龙
GIGANOTOSAURUS (JYE–ga–NO–toe–SORE–us)
南方巨兽龙
GIRAFFATITAN (ji–RAFF–ah–TYE–tan)
长颈巨龙
GORGOSAURUS (GORE–go–SORE–us)
蛇发女怪龙
GOYOCEPHALE (GOH–yo–SEFF–ah–lee)
饰头龙
HYLAEOSAURUS (hie–LEE–oh–SORE–us)
林龙
HYPACROSAURUS (hi–PACK–row–SORE–us)
亚冠龙
ICARONYCTERIS (IK–ah–ron–IK–ter–iss)
伊神蝠
IGUANODON (ig–WAN–oh–don)
禽龙
ISANOSAURUS (ee–sahn–o–SORE–us)
伊森龙
JURATYRANT (JOO–ra–TYE–rant)
侏罗暴龙

KAATEDOCUS (kaht–uh–DOKE–us)
小梁龙
KENTROSAURUS (KEN–troh–SORE–us)
肯氏龙
PSITTACOSAURUS (SIT–AH–CO–SORE–US)
鹦鹉嘴龙
KUEHNEOSAURUS (KWAIN–ee–o–SORE–us)
孔耐蜥
MAGNAPAULIA (MAG–nuh–PORE–lee–uh)
巨保罗龙
MAGYAROSAURUS (MAG–yar–o–SORE–us)
马扎尔龙
MAIASAURA (MA–ya–SORE–a)
慈母龙
MAJUNGASAURUS (mah–JOONG–ah–SORE–us)
玛君龙
MAMENCHISAURUS (mah–MEHN–chee–SORE–us)
马门溪龙
MEGALOSAURUS (MEG–ah–low–SORE–us)
巨齿龙
MEGAZOSTRODON (MEG–ah–ZOS–troh–don)
巨带齿兽
METOPOSAURUS (mee–TOP–oh–SORE–us)
方额蜥
MICRORAPTOR (MY–crow–RAP–tore)
小盗龙
MOSASAURUS (MOW–suh–SORE–us)
沧龙
MOSCHOPS (maz–KOPS)
麝足兽
NOTHOSAURUS (NAH–thuh–SORE–us)
幻龙
OVIRAPTOR (OH–vih–RAP–tore)
窃蛋龙
PACHYCEPHALOSAURUS (pack–ih–SEF–ah–low–SORE–us)
肿头龙
PACHYRHINOSAURUS (pack–ee–RINE–oh–SORE–us)
厚鼻龙
PARASAUROLOPHUS (PAR–ah–saw–RAH–

loh-fuss)
PATAGOTITAN (PAT-uh-go-TI-TAN)
巴塔哥尼亚巨龙
PENTACERATOPS (PEN-ta-SER-ah-tops)
五角龙
PINACOSAURUS (PIN-ah-co-SORE-us)
绘龙
PLACERIAS (PLAY-sir-EE-us)
布拉塞龙
PLACODUS (PLAY-kud-us)
楯齿龙
PLATEOSAURUS (PLAT-ee-oh-SORE-us)
板龙
POSTOSUCHUS (pohs-TOE-suk-us)
波斯特鳄
PROROTODACTYLUS (pro-ROH-toe-DAK-til-us)
原旋趾蜥
PROTOCERATOPS (PRO-toh-SER-ah-tops)
原角龙
PSITTACOSAURUS (SIT-ah-co-SORE-us)
鹦鹉嘴龙
PTERODACTYLUS (TARE-oh-DAK-til-us)
翼手龙
QIANZHOUSAURUS (chyan-shoo-SORE-us)
虔州龙
QUETZALCOATLUS (KET-sahl-COAT-lus)
风神翼龙
RAJASAURUS (rah-jah-SORE-us)
胜王龙
RAPETOSAURUS (RAH-peh-to-SORE-us)
掠食龙
REGALICERATOPS (REG-ah-li-SER-ah-tops)
皇家角龙
RUKWATITAN (ROOK-wa-TIE-tan)
鲁夸巨龙
SALTASAURUS (SALT-ah-SORE-us)
萨尔塔龙
SALTOPUS (SALT-oh-puss)
跳龙
SAUROPOSEIDON (SORE-oh-PO-sye-don)
波塞东龙
SCLEROMOCHLUS (sklair-AH-muhk-lus)
斯克列罗龙
SHANTUNGOSAURUS (SHAHN-DUNG-oh-SORE-us)
山东龙
SINOCALLIOPTERYX (SINE-o-CAL-ee-AWP-ter-iks)
中华丽羽龙
SINOSAUROPTERYX (SINE-oh-sore-OP-ter-iks)
中华龙鸟
SINRAPTOR (sine-RAP-tore)
中华盗龙
SPINOSAURUS (SPINE-oh-SORE-us)
棘龙
STEGOSAURUS (STEG-oh-SORE-us)
剑龙
STRUTHIOMIMUS (strooth-ee-oh-MY-muss)
似鸵龙
STYRACOSAURUS (sty-RACK-oh-SORE-us)
戟龙
TENONTOSAURUS (ten-ONT-oh-SORE-us)
腱龙
THERIZINOSAURUS (THERE-ih-ZIN-oh-SORE-us)
镰刀龙
TIMURLENGIA (tee-MUR-len-gee-a)
帖木儿龙
TITANOCERATOPS (tye-TAN-oh-SER-ah-tops)
泰坦角龙
TRACHODON (TRAK-oh-don)
糙牙龙
TRICERATOPS (tri-SERR-uh-tops)
三角龙
TRIOPTICUS (tri-OP-tih-cus)
三视龙
TROODON (TRO-oh-don)
伤齿龙
TYRANNOSAURUS (tye-RAN-oh-SORE-us)
暴龙
UGRUNAALUK (oo-GREW-na-luck)
古植食龙
UINTATHERIUM (YU-in-tah-THER-ee-um)
尤因它兽
UTAHRAPTOR (YOO-tah-RAP-tore)
犹他盗龙
VELOCIRAPTOR (veh-LOSS-ih-RAP-tore)

伶盗龙
WIEHENVENATOR (vee-HEN-vuh-NAY-tore)
维恩猎龙
YUTYRANNUS (yoo-tye-RAN-us)
羽暴龙
ZHENYUANLONG (ZHEN-yoo-an-LONG)
振元龙

扩展阅读

想了解更多关于恐龙的信息，请查阅以下图书：

阿丽斯塔，珍，埃弗里·伊丽莎白·赫特，《恐龙记录：地球上最神奇的史前生物！》，美国国家地理，2017 年。

阿伦森，马克，艾德丽安·马约尔，《格里芬和恐龙：艾德丽安·马约尔是如何发现神话和科学之间的神奇联系》，美国国家地理，2014 年。

霍娜，布雷克，《所有的恐龙》，美国国家地理，2014 年。

莱斯姆，唐，《终极百科全书第二版》，美国国家地理儿童，2017 年。

图片出处

ASP: Alamy Stock Photo; GI: Getty Images; SCI: Science Source; SS: Shutterstock
All illustrations by Franco Tempesta, except as noted:

4 (pickaxe), Stocksnapper/SS; 5 (Triceratops), David Herraez Calzada/SS; 5 (Ankylosaur), leonello calvetti/SS; 6-7, Courtesy Steve Brusatte; 10 (UP), Courtesy Steve Brusatte; 10 (LO), Jean-Michel Girard/SS; 11 (UP RT), Marques/SS; 11 (LO), Courtesy Steve Brusatte; 13 (UP), Spencer Platt/GI; 13 (LO), Universal Images Group North America LLC/DeAgostini/ASP; 14 (LO), Carlos Goldin/SCI; 15 (UP), Don Emmert/AFP/GI; 16, Stocktrek Images, Inc./ASP; 17 (UP), James Nesterwitz/ASP; 17 (CTR), John Weinstein/Field Museum Library/GI; 17 (LO), DM7/SS; 18 (UP), Sergey Krasovskiy/Stocktrek Images/SCI; 19, Kurt Miller/Stocktrek Images/GI; 20 (UP), FIMP/SS; 20 (LO), Lefteris Paupalakis/SS; 21 (UP), Royal Tyrrell Museum; 22 (UP), Walter Myers/SCI; 22 (CTR), Sergey Krasovskiy/GI; 22 (LO), Mark Turner/ASP; 23 (CTR LE), Jan Sovak/Stocktrek Images, Inc./ASP; 24-25 (ALL), Courtesy Steve Brusatte; 27 (CTR), Walter Myers/Stocktrek Images/ASP; 27 (LO), Nobumichi Tamura; 28 (UP LE), Alice Turner/Stocktrek Images/GI; 28–29 (UP), Oxford Science Archive/Print Collector/GI; 29 (UP RT), Igor Karasi/SS; 31 (UP LE), MR1805/iStockphoto; 31 (UP RT), Royal Tyrrell Museum; 34 (UP), Courtesy Steve Brusatte; 34 (LO), Jean-Michel Girard/SS; 35 (UP LE), Courtesy Steve Brusatte; 35 (UP RT), Marques/SS; 36 (LO LE), Mikkel Juul Jensen/Bonnier Publications/SCI; 36–37 (LO CTR), Stefan Schiessl/SCI; 37 (UP), All Canada Photos/ASP; 37 (LO RT), Dorling Kindersley/GI; 38, Yuriy Priymak/Stocktrek Images/SCI; 39 (LO LE), Igor Karasi/SS; 40 (UP RT), Courtesy Steve Brusatte; 41 (UP LE), Royal Tyrrell Museum; 41 (UP RT), Corbin17/ASP; 41 (LO), Jan Sovak/Stocktrek Images/ASP; 42 (UP), Rosa Jay/SS; 42 (LO), NPS/ASP; 44 (UP), Michael Rosskothen/SS; 44 (LO), Sergey Krasovskiy/Stocktrek Images/ASP; 45 (UP), Walter Myers/Stocktrek Images/ASP; 45 (LO LE), Amy Toensing/National Geographic Creative/ASP; 45 (LO RT), Mohamad Haghani/Stocktrek Images/ASP; 46 (LE), Robert Clark Photography; 46–47 (CTR), Richard Bizley/SCI; 48 (UP), Martin Shields/ASP; 49, Stocktrek Images, Inc./ASP; 50 (UP), MasPix/ASP; 50 (LO), Dorling Kindersley/GI; 51 (LO), Worakit Surijinda/SS; 52 (UP), Daniel Eskridge/Stocktrek Images/GI; 53 (UP), Martin Shields/ASP; 55 (UP), Zoonar/Elena Duvernay/ASP; 55 (LO), Dinoton/SS; 56 (LE), Art by James Havens 2017 @alaskapaleoproductions; 57 (UP), Mohamad Haghani/Stocktrek Images/ASP; 57 (LO), Sue Anne Zollinger/The Company of Biologists; 58 (UP LE), Alexander Koerner/GI; 58 (RT), milehightraveler/GI; 58 (LO LE), Tom Bean/ASP; 62 (UP), Courtesy Steve Brusatte; 62 (LO), Jean-Michel Girard/SS; 63 (UP LE), Courtesy Steve Brusatte; 63 (UP RT), Marques/SS; 63 (LO), Courtesy Steve Brusatte; 64 (UP), Courtesy Dr. Martin Lockley, University of Colorado; 64 (LO), Courtesy Dr. Xing Lida; 65 (UP), Mohamad Haghani/ASP; 66 (UP), Philip Brownlow/Stocktrek Images/ASP; 66 (LO), Courtesy Nature.com/Dr. Mary Higby Schweitzer; 67 (LO), DeAgostini/GI; 68 (UP), Mohamad Haghani/ASP; 69 (UP), José Antonio Peñas/SCI; 69 (LO), Jan Sovak/Media Bakery; 70 (UP), reptiles4all/SS; 70 (LO), Mogens Trolle/SS; 71, The Photo Researchers/GI; 72 (UP), stevegeer/iStockphoto; 72 (LO), Universal Images Group North America LLC/DeAgostini/ASP; 73 (UP), Ryan M. Bolton/SS; 74 (UP), Michael Gilday/ASP; 74 (LO), Francois Gohier/SCI; 75 (ALL), Courtesy Steve Brusatte; 76 (UP), Víctor Fondevilla/Universitat Autònoma de Barcelona; 76 (CTR), Francois Gohier/SCI; 76 (LO), Millard H. Sharp/SCI; 77, Courtesy permanent collection of The Judith River Foundation/Children's Museum of Indianapolis via Creative Commons; 78 (UP), Nobumichi Tamura; 78 (LO LE), Chris Hellier/SCI; 79 (LE), Yuriy Priymak/Stocktrek Images/SCI; 79 (LO), O. Louis Mazzatenta/National Geographic/GI; 80 (LO), nik wheeler/ASP; 81, Alexander Koerner/GI; 82 (UP RT), Ryan M. Bolton/SS; 82 (LO LE), ajt/SS; 82 (LO RT), Boonchuay1970/SS; 83 (CTR LE), Colin Keates/Dorling Kindersley/Natural History Museum, London/SCI; 83 (LO LE), anaken2012/SS; 83 (LO RT), Ortis/SS; 86 (UP), Courtesy Steve Brusatte; 86 (LO), Jean-Michel Girard/SS; 87 (UP LE), Courtesy Steve Brusatte; 87 (UP RT), Marques/SS; 87 (LO), Courtesy Steve Brusatte; 88, Mark Garlick/Science Photo Library/ASP; 89 (UP), Detlev van Ravenswaay/SCI; 89 (LO), David Parker/SCI; 90 (UP), Richard Bizley/SCI; 90 (LO), Mark Garlick/Science Photo Library/GI; 91, Richard Bizley/SCI; 92 (UP), Aleksey Baskakov/Dreamstime; 93 (UP LE), Albert Russ/SS; 93 (UP RT), Colin Keates/Dorling Kindersley/SCI; 93 (CTR), Sinclair Stammers/SCI; 93 (LO), Pictorial Press Ltd/ASP; 94 (LO LE), Courtesy Steve Brusatte; 94 (LO RT), The Natural History Museum, London/ASP; 95 (UP), Science History Images/ASP; 96 (UP LE), The Natural History Museum, London/ASP; 96 (UP RT), Mark Garlick/Science Photo Library/ASP; 96 (CTR LE), Courtesy Library of Congress; 96 (LO), The Natural History Museum, London/ASP; 96 (LO LE), David Roland/ASP; 96 (LO RT), Leonello CalvettI/ASP; 97, George Rinhart/Corbis via GI; 98 (UP LE), Guido Martini/EyeEm/GI; 98 (UP RT), Jonathan Blair/Corbis Collection/GI; 98 (LO), Courtesy Rukwa Rift Basin Project; 99 (UP), O. Louis Mazzatenta/GI; 100–101, NG Maps; 102, paleontologist natural/SS; 103 (UP), Damian Kelly Photography; 103 (LO), Courtesy Darla Zelenitsky; 104 (UP), Joseph Nettis/SS; 104 (LO), Smithsonian Institute/SCI; 105 (UP), Frank Duenzl/picture-alliance/dpa/AP Images; 105 (LO), Ingo Schulz/imageBROKER/ASP; 106 (UP), Courtesy Steve Brusatte; 106 (LO LE), STR/AFP/GI; 106 (LO RT), Phil Degginger/ASP; 107 (toothbrush), Obak/SS; 107 (trowel), Thammasak Lek/SS; 107 (fork and spoon), Khongtham/SS; 107 (paintbrush), Seregam/SS; 107 (notebook), Mark Thiessen/NG Staff; 107 (pencil), Julia Ivantsova/SS; 107 (screwdriver), pchais/SS; 107 (hammer), Vrabelpeter1/SS; 107 (tape measure), Madlen/SS; 107 (chisel), rawf8/SS; 107 (water bottle), Odua Images/SS; 107 (kit), modustollens/SS

感谢我小学到研究生院的所有老师，他们培养了我对学习和科学的热爱。

——史蒂夫·布鲁萨特

给每一个想知道更多的孩子。

——莉拉·纳尔吉

著作权合同登记号图字：01-2019-1626

图书在版编目（CIP）数据

美国国家地理超级专家.恐龙 /（美）莉拉·纳尔吉，
（美）史蒂夫·布鲁萨特著；邢立达，王申娜，王董浩译.
-- 北京：中国纺织出版社有限公司，2020.5

书名原文：Absolute Expert：Dinosaurs

ISBN 978-7-5180-7164-7

Ⅰ.①美… Ⅱ.①莉… ②史… ③邢… ④王… ⑤王
… Ⅲ.①科学知识—青少年读物②恐龙—青少年读物
Ⅳ.① Z228.2 ② Q915.864-49

中国版本图书馆 CIP 数据核字 (2020) 第 027829 号

责任编辑：王 慧　　责任校对：王蕙莹　　责任印制：储志伟
特约编辑：杨晓乐　　美术编辑：卓 尔

中国纺织出版社出版有限公司发行
地址：北京市朝阳区百子湾东里 A407 号楼　邮政编码：100124
销售电话：010-67004422　传真：010-87155801
http://www.c-textilep.com
E-mail: faxing@c-textilep.com
官方微博 http://weibo.com / 2119887771
北京博海升彩色印刷有限公司印刷　各地新华书店经销
2020 年 5 月第 1 版第 1 次印刷
开本：787×1092　1/16　印张：7
字数：94 千字　定价：88.00 元

凡购本书，如有缺页、倒页、脱页，由本社图书营销中心调换

自1888年起，美国国家地理学会在全球范围内资助
超过12000项科学研究、环境保护与探索计划。学会的部
分资金来自 National Geographic Partners, LLC，您购买本书
也为学会提供了支持。本书所获收益的一部分将用于支持
学会的重要工作。更多详细内容，请访问 natgeo.com/info。

NATIONAL GEOGRAPHIC 和黄色边框设计是美国国家
地理学会的商标，未经许可，不得使用。

致谢

非常感谢我在这本书中介绍过的所有朋友和同事，
特别是汤姆·查尔兰、乔恩·霍德、吕君昌、格里兹格斯·尼
德韦德兹克、汤姆·威廉姆森和他的儿子瑞安和泰勒，
以及我在世界各地的所有同事和我的导师（保罗·塞雷
诺、迈克·本顿和马克·诺雷尔）。我特别感谢美国国
家地理学会资助我在苏格兰野外的工作。我很荣幸成为
美国国家地理探险家的一员。最后，感谢莉拉、凯伦和
这本书背后的团队，他们使这个项目变得如此有趣。

——史蒂夫·布鲁萨特

非常感谢星期五女孩制作公司和美国国家地理杂志
把我带到这个有趣而迷人的项目中来。

——莉拉·纳尔吉

作者和出版商也要感谢图书团队：项目编辑谢尔
比·李斯、编辑助理凯瑟恩·威廉姆斯、艺术总监阿曼
达·拉森、照片编辑莎拉·J.莫克、制片编辑莫莉·瑞
德和制片助理安妮·梁·索恩。

绿色印刷 保护环境 爱护健康

亲爱的读者朋友：

本书已选入"北京市绿色印刷工程——优秀出版物
绿色印刷示范项目"。它采用绿色印刷标准印制，在封
底印有"绿色印刷产品"标志。

按照国家环境标准（HJ2503-2011）《环境标志
产品技术要求印刷第一部分：平版印刷》，本书选用环
保型纸张、油墨、胶水等原辅材料，生产过程注重节能
减排，印刷产品符合人体健康要求。

选择绿色印刷图书，畅享环保健康阅读！

北京市绿色印刷工程